Winter

Wer vergräbt sich zum Winterschlaf? (S. 66)

☐ Igel ☐ Meise ☐ Kröte

Wer saust vor Schreck unter das Sofa? (S. 70)

☐ Frau Scholz ☐ Dackel von Müllers ☐ Katze Minka

Mit allen Sinnen die Welt erfassen

Wie heißen die fünf Sinne? (S. 76)

Was trinken die Indianer bei Leas Indianer-Fest? (S. 81)

Frühling wirds

Was ruft der April den Kindern zu? (S. 84)

☐ „Kommt heraus!" ☐ „Lauft ins Haus!"

☐ „Wo bleibt ihr denn?"

Was holen die Kinder für das Osternest aus dem Wald? (S. 86)

☐ Äste ☐ Pilze ☐ Moos

Haustiere

Wie nennt man das Auszupfen der abgestorbenen Hundehaare beim Foxterrier? (S. 94)

Wie viel wiegt das Katzenkind Nasi bei der Geburt? (S. 95)

__________ Gramm

Miteinander leben

In welchem Land lebt Pradeep? (S.101)
❑ Indien ❑ Dänemark ❑ Italien

Hilft Sandra ihrer Mama gern? (S.104)
❑ ja ❑ nein

Rund um die Schule

Wer holt Peter von der Schule ab? (S.114)

Was hat Enrico gewonnen? (S.116)
❑ einen Wettlauf ❑ ein Wettessen ❑ eine Goldmedaille

Märchen und fantastische Geschichten

Wo schläft das Sternenkind? (S. 126)

Was möchte Schnuddel gern einmal werden? (S. 130)
❑ Feuerwehrmann ❑ Lokomotivführer ❑ Gärtner

Wasser macht Spaß

In welcher Stadt steht der Brunnen,
den du auf den Seiten 134/135 siehst?

Lerne zwei Verse vom „Regendrachen Furio" (S. 136/137) auswendig und trage sie deiner Lehrerin vor!
Erledigt am ____________

Sommer

Wie heißt das Gedicht,
das Frau Müller den Kindern vorliest? (S.151)
❑ „Eiskalt" ❑ „Hitzefrei"

 ISBN 3-403-03557-3

Das Auer

Lesebuch

Schulbuch für das 2. Schuljahr

Erarbeitet von
Ruth Dolenc, Christel Fisgus, Gertrud Kraft, Edeltraud Röbe,
Heinrich Röbe

Illustriert von Martina Gollnick

Auer Verlag GmbH

Inhalt

Ihr bester Freund
Daniel liest gerne,
Mark darf sich
nicht dreckig ma-
chen. Arno guckt
gerne Fernsehen
und Klaus-Uwe ist
ein wenig schüch-
tern. Das sind sie

Das Schuljahr beginnt

Alles eingepackt? Nichts vergessen?

Auf in die Schule! Höchste Zeit!
Meine Schultasche steht längst bereit.
Bücher, Hefte hab ich drinnen,
die zweite Klasse kann beginnen.

Halt – das Wichtigste indessen
hätte ich jetzt fast vergessen!
Ich brauch sie ja fürs Lesen, Schreiben.
Die dürfen nicht zu Hause bleiben.
Ohne sie wär es gar nicht nett: das

A	ist der **A**ffe – er isst mit der Pfote,
B	ist der **B**äcker – er backt braune Brote.
C	ist **C**äcilie – sie trinkt süßen Tee,
D	ist der **D**ieb – er stiehlt Äpfel, oh weh!
E	ist der **E**sel – er schreit manchmal sehr,
F	ist der **F**ischer – er fängt Fische im Meer.
G	ist die **G**eiß – sie frisst auf dem Feld,
H	ist der **H**elm – ein Hut für den Held.
I	ist der **I**ndianer er hat großen Mut,
J	ist der **J**äger – mit Jacke und Hut.
K	ist der **K**aufmann – er fährt um die Welt,
L	ist der **L**andmann – der die Felder bestellt.
M	ist die **M**ühle – sie dreht sich im Wind,
N	ist das **N**est – für das Vogelkind.
O	ist der **O**tter – der Fische gern mag,
P	ist der **P**apagei – er sagt „guten Tag“.
Qu	ist die **Qu**elle – sie sprudelt bergab,
R	ist die **R**eise – wir fahren im Trab.
S	ist der **S**eemann – sein Name ist Pit,
T	ist die **T**ante – sie bringt dir ’was mit.
U	ist der **U**hu – er schaut in die Ferne,
V	ist der **V**etter – er trommelt so gerne.
W	ist das **W**asser – es ist blau und tief,
X	ist der **X**aver – er schreibt einen Brief.
Y	ist der **Y**ak – ein seltenes Tier,
Z	ist der **Z**irkus – er spielt heute hier.

Hallo, da bist du ja!

Grüß Gott, Herr Berger!

Guten Morgen!

Merhaba, Marco!
[Merhaba, Marco!]

Доброе утро!
[Dobraje utra!]

Hallo, Ayşe!
[Eische]

Ciao!
[Tschau!]

Szia!
[Sia!]

Buon giorno, Lea!
[Bon dschorno, Lea!]

Dòbar dân, Sarah!
[Dobar dan, Sarah!]

Güle, güle!
[Güle, güle!]

Salut!
[Salü!]

Καλιμερα, Αννα!
[Kalimera, Anna!]

Ahoj!
[Ahoj!]

Good morning, Peter!
[Gud morning, Piter!]

Dobrý den!
[Dobri den!]

Text/Melodie: Klaus Patho © Wolf Verlag, Regensburg

Guten Mor - gen, guten Mor - gen, wir fan - gen jetzt an.
Good mor - ning, good mor - ning, wir fan - gen jetzt an.
Bon gior - no, bon gior - no, wir fan - gen jetzt an.

So früh am Morgen!

Was sehen meine müden Augen? Schau genau!

Aus dem und wird der **H**und,
aus dem aus wird die **M**aus
und aus dem ach
wird ein fürchterlicher **Kr**ach!

Aus dem nie wird das **K**nie,
aus dem auch wird der **B**auch
und aus dem als –
du musst ihn waschen – wird der **H**als.

Wörter suchen und Wörter finden

Wer hat
sich hier
versteckt?

Ich erwische dich schon noch!
Von rechts – von links?
Gib Acht!

Wörterspaß im Pausenhof

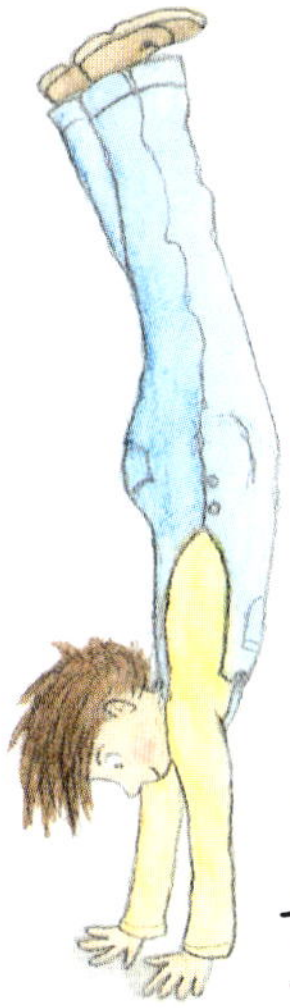

Ich mache einen Handstand.

Ich schlage ein Rad.

Wie schön, sich zu wiegen,
die Luft zu durchfliegen
am blühenden Baum!
Bald vorwärts hinüber,
bald rückwärts herüber!
Es ist wie ein Traum.

Heinrich Seidel

Bei der Schnecke,
bei der Schnecke,
ach, da gibt es keine Ecke!
Bei ihr ist alles rund –
drum ist sie so gesund!

Pause
Pausenbrot
Pausenbrotschachtel
Pausenbrotschachteldeckel

Ich
hüpfe
lustig
hin und
her das
ist ge
sund und
gar nicht
schwer.

Mein Ball zeigt, was er kann,
springt hoch wie ein Mann,
springt hoch wie eine Kuh,
springt hoch wie ein Kalb,
springt hoch wie eine Maus,
springt hoch wie eine Laus,
dann ruht er sich aus.

Josef Guggenmos

Kommt mit ins Klassenzimmer!

Mein Lieblings-Lese-Platz

Hier
ist dein Buch.
Auf vielen Seiten
will's dich begleiten
zu Regenbogen, zu dunklen Wäldern,
zu Bergen aus Glas und goldenen Feldern,
zu Menschen, die zaubern, auf Teppichen schweben,
in Länder, wo Drachen und Krokodile leben,
zu tausend Wundern dieser Welt –
dorthin, wo es dir gut gefällt.
Du schlägst es auf
und gehst leise
auf eine weite
Lese-Reise.

Heinrich Röbe

Frau Boskop und ihr Krimskrams

Die Tür geht auf und da steht sie:
die neue Lehrerin.

In der Klasse 2b ist es mucksmäuschenstill.
29 Augenpaare beobachten,
wie sie den Klassenraum betritt.

Die neue Lehrerin, findet Daniel,
sieht aus wie ein Packesel.

Eine alte Ledertasche hängt über ihrer linken Schulter.
In der rechten Hand hält sie einen Korb mit Äpfeln.

„Guten Morgen, Kinder“, sagt sie.
„Ich bin Maria Boskop,
eure neue Lehrerin.“

„Boskop, so heißt der Apfelbaum
von meinem Opa auch“, ruft Pia.
Da lachen die anderen Kinder
und Pia wird rot.

Aber die neue Lehrerin ist gar
nicht böse, dass man sie mit
einem Apfelbaum verwechseln
kann. Ganz im Gegenteil.

Sie zeigt auf die Äpfel und sagt:
„Die sind für euch, Kinder.“

Ulrike Kaup

Herbstzeit – Erntezeit

Goldene Welt

Im September ist alles aus Gold.
Die Sonne, die durch das Blau hinrollt,
das Stoppelfeld,
die Sonnenblume, schläfrig am Zaun,
das Kreuz auf der Kirche,
der Apfel im Baum.

Ob er hält? Ob er fällt?
Da wirft ihn geschwind
der Wind
in die goldene Welt.

Georg Britting

Claude Monet: Der Garten der Monets in Vétheu

September

Es kommt eine Zeit
da hat die Sonne
alle Arbeit getan
Die Äpfel sind rot
Die Birnen sind gelb
und die Marktfrauen rufen
Pflaumen schöne Pflaumen

Es kommt eine Zeit
da wird die Sonne müde
und immer kleiner

So klein wie eine Orange
die nach Afrika zurückrollt
wie ein Taler
der von einer Hand
zur andern wandert
wie der Knopf
vom Matrosenkleid

So klein wird die Sonne
dass der Himmel
sie nicht mehr halten kann

Sie rollt übers Dach
rollt hintern Berg
jetzt kann sie keiner mehr sehen

Elisabeth Borchers

Herbst ist …

Herbst ist, wenn die Drach flieg
und die Kind Schnupf krieg ,
wenn am Baum die Äpf reif
und die Vög kaum noch pfeif .

Herbst ist, wenn sich Äst neig
und die Grill nicht mehr geig ,
wenn die welk Blätt fall
und Novemb neb wall .

Bernhard Lins

Herbsträtsel

Ein  saß auf einem ,
das wie die 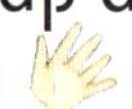 fünf  hat,
auf einem .
Du glaubst es kaum.

Der grüne , stachelspitz,
fiel auf den  vom kleinen ,

von seiner 
in die .

Da war es mit dem  aus.
Er platzte, und was sprang heraus,
mit einem ?

Ein brauner .

Hermann Siegmann

Regen

Regenplage graue Tage,
Regengüsse nasse Füße,
Regentropfen hört man klopfen
an die Fenster wie Gespenster.

Regenschnecken in den Hecken,
Regenwinde in der Linde,
Regenwasser, nass und nasser
werden Wälder, Haus und Felder.

Regenbäume träumen Träume,
Regenlieder klingen wieder,
Regenfrauen dreh'n die Leier,
ringsum wehen Regenschleier.

Regentänze, Katzenschwänze,
Regenwolken sind gemolken,
Regentonne, kommt die Sonne?
Nein, von wegen! Dauerregen!

Gina Ruck-Pauquèt

Die Hecke

Die Kreuzspinne
Die Kreuzspinne hat ein weißes Kreuz auf dem Rücken. Sie ist eine schnelle Spinnerin. In einer Stunde spinnt sie ein Radnetz. Darin fängt sie ihre Beute.

Das Amselnest
Wenn das Amselweibchen im Nest brütet, kann man nur noch seinen Schwanz und seinen Schnabel sehen.

Die Wespe
Die Wespe erkennst du an ihren schwarz-gelben Ringeln. Sie hat eine schmale „Wespentaille". Nimm dich in Acht vor ihrem spitzen Stachel!

Die Erdkröte
Die Erdkröte hat eine plumpe Gestalt. Ihre Haut ist mit Warzen bedeckt. Die Erdkröte steht unter Naturschutz.

Die Spitzmaus
Die Spitzmaus ist gar keine Maus. Sie ist ein kleines Raubtier. Sie mag Regenwürmer und Spinnen. Katzen mögen keine Spitzmäuse, weil sie ihnen abscheulich schmecken.

Der Holunder
Der Holunder wird
auch Holder genannt.
Seine Beeren glänzen schwarz.

Die Heckenrose
Die Heckenrose hat
spitze Stacheln.
Ihre Früchte heißen
Hagebutten.

Die Raupe
Die Raupe frisst Blätter
und tarnt sich meistens gut.
Aus dieser Raupe wird einmal
ein Kohlweißling.

Der Hirschkäfer
Der Hirschkäfer lebt
oft auf alten Eichen.
Das Männchen hat Zangen,
die wie ein Geweih aussehen.
Er steht unter Naturschutz.

Der Igel
Der Igel ist im Garten nützlich.
Er frisst Schnecken, Frösche
und sogar Schlangen.
Milch schadet ihm.

Gemüseball

Gestern Abend auf dem Ball
tanzte Herr von Zwiebel
mit der Frau von Petersil.
Ach, das war nicht übel.

Die Prinzessin Sellerie
tanzte fein und schicklich
mit dem Prinzen Rosenkohl.
Ach, was war sie glücklich!

Der Baron von Kopfsalat
tanzte leicht und herzlich
mit der Frau von Sauerkraut;
doch die blickte schmerzlich.

Ritter Kürbis, groß und schwer,
trat oft auf die Zehen.
Doch die Gräfin Paprika
ließ ihn einfach stehen.

Werner Halle

Kinder haben weitergedichtet:

Die Bohne von der Stange
tanzte mit der Gurke lange.

Elke

Der Kohlrabi, rund und dick,
holt sich das Radieschen.
Denn es war so rot und schick
und tanzte auf dem Wieschen.

Raphael

Was wächst denn da?

Ihr lieben Leut',
was das bedeut',
hat sieben Häut',
beißt alle Leut'?

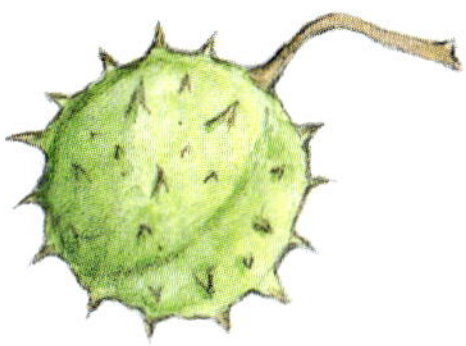

Erst weiß wie Schnee,
dann grün wie Klee,
dann rot wie Blut,
schmeckt allen gut.

Erst weiß wie Licht,
dann ein Stachelgesicht
wie ein grüner Igel,
wie ein blanker Spiegel,
wie eine braune Maus
hüpft's aus einem
grünen Haus heraus.

Der arme Tropf
hat einen Schuh und keinen Kopf.
Und hat dazu
nur einen Fuß und keinen Schuh.

Rate, was ich weiß,
es brennt und ist nicht heiß.

Alle Rätsel: Volksgut

Wind im Ort

„Blies da heute ein Wind im Ort!
Der trug allen Leuten die Hüte fort,
die Hüte, die Ohren, die Na-“

„Die wa-?“

„Na ja,
das mit den Hüten stimmt bestimmt,
das andere stimmt beinah.“

„Aha!“

Josef Guggenmos

Das Turamichele*

Am 29. September hat der Erzengel Michael Namenstag. In Augsburg kann man sehen, wie er gegen den Teufel kämpft.

Das haben Schulkinder aus Augsburg geschrieben:

Wir sind zum Turamichele gegangen. Um 12 Uhr ist es aus seinem Tor herausgekommen. Zwölfmal hat es zugestochen. Alle Schulkinder haben ganz laut mitgezählt. Dann haben wir Luftballons in den Himmel steigen lassen. Mehr als tausend Stück.

Das hat ihnen ganz gut gefallen:

Dass der Teufel so grauslich schaut.

Immer, wenn die Glocke schlägt, sticht das Turamichele zu.

Das Turamichele hat goldene Flügel.

Ich habe meinen Luftballon mit nach Hause genommen.

Der Teufel, wie er wackelt und zwazelt.**

Alle Kinder haben mitgezählt. Ich auch.

Ich habe einen Luftballon abfliegen lassen. Mit meiner Adresse.

Es war schön, weil so viele Kinder zugeschaut haben.

* „Turamichele“ (schwäbisch): zusammengesetztes Namenwort aus „Tura“ (Turm) und „Michele“ (Michael)
** „er zwazelt“ (schwäbisch): er zappelt mit Armen und Beinen.

Die Eichen-Geschichte

Im Herbst fallen
von den Eichen
die Früchte.
Das sind die Eicheln.
Hunderte liegen
am Boden.
Das kann nun
geschehen:

Ein Eichelhäher trägt sie davon.

Ein Eichhörnchen frisst sie.

Ein Hirsch lässt sie sich schmecken.

Ein Kind kann sie verlieren.

Wenn die Eichel auf guten Boden fällt,
wenn die Sonne scheint und es regnet, keimt sie.
Ein Bäumchen beginnt zu wachsen.

Der Waldbrand verschont es.

Die Raupen kommen nicht.

Kein Blitz fährt in den Stamm.

So konnte die
Eiche wachsen
und gedeihen.

Eines Tages …

nach Gerda Muller

Nina und der Wald

Nina und der Großvater
gehen im Wald spazieren.
Nina schiebt einen Blätterhaufen
vor sich her.

Das raschelt so schön.
Blätter fliegen ringsum
wie Schmetterlinge.

Der Großvater bleibt stehen.
„Horch“, sagt er.
Nina bleibt auch stehen.

Sie hört Äste knacken.
Sie hört, wie ein kleines Tier
durchs Gestrüpp wuselt.
Sie hört einen Vogel rufen,
ganz leise: „Ziwitt!“
Sie hört den Wind
in den Blättern rauschen.

Der Großvater legt
den Finger auf den Mund.

Nina horcht,
so sehr sie kann.

Sie hört in der Ferne
Autos sausen.
Sie hört ihren eigenen Atem
und den vom Großvater.

„Hörst du die Stille?“,
fragt Großvater eine Weile später.
„Nein“, sagt Nina.

Renate Welsh

Ich – du – wir

Ich

Ich kann rennen
tanzen springen
kann ein Lied
mit sieben Strophen
singen

Ich kann weinen
und kann lachen
kann Handstand und
ein bisschen Salto
machen

Marc Chagall: Der Jongleur aus Paris, 1969

Ich kann verstehen
was du meinst
kann dich trösten
wenn du
weinst

Ich kann dir
Pfannekuchen backen
und wenn du müde bist
dann kraul ich deinen
Nacken

Anne Steinwart

Sollte ich dich je vergessen,
will ich einen Besen fressen!

Ich freue mich, wenn ich dich seh,
ich finde dich so nett,
ich schenke dir mein H und E,
mein R und auch mein Z.

Das Maglied

Ich mag dich kreuz und quer
Ich mag dich hin und her
Ich mag dich immer mehr
Ich mag dich sauber
Ich mag dich dreckig
Ich mag dich rund
Ich mag dich eckig
Ich mag dich wie du bist
Ich mag was in dir steckt
Du bist perfekt

Ich mag dich haargenau
Ich mag dich gelb und grau
Ich mag dich grün und blau
Ich mag dich pink
Ich mag dich ponk
Ich mag dich blubbs
Ich mag dich schwubbs
Ich mag dich bunt, kariert
gestreift, liniert, gescheckt
Du bist perfekt

Andreas Remenyi

Ausrufzeichen, Herz daneben, dich vergess ich nie im Leben! ! ♡

! ♡ Ausrufzeichen,
Herz daneben,
dich vergess ich
nie im Leben!

Überall weiß jedes Kind,
dass wir dicke Freunde sind.

Darf ich dir ein Geheimnis verraten?
Ich mag dich noch lieber als Schweinebraten!

Steffi ist bei der Oma

Steffi ist bei der Oma zu Besuch.

Ich habe etwas für dich Steffi. Sieh mal.

Sie holt ein Ding mit bunten Federn aus dem Schrank. Das Ding hat einen gelben Schnabel und einen Wackelschwanz.

Was ist das wohl?

Eine Ente!

Sie kann schnattern. Hier im Bauch steckt ein Schlüssel. Damit muss man sie aufziehen.

Die Oma dreht den Schlüssel ein paarmal herum. Dann setzt sie die Ente auf den Tisch.

Gagagagagack.

Die Ente watschelt über den Tisch. Sie nickt mit dem Kopf und wackelt mit dem Schwanz.

Gagagagagack.

Hast du die Ente gekauft, Oma?

Nein. Die habe ich bekommen, als ich ein kleines Mädchen war.

Du? Warst du auch mal ein kleines Mädchen?

Natürlich. Ganz früher war ich so ein kleines Mädchen wie du.

Warst du auch mal ein Baby? Hast du in die Hosen gemacht?

Jeder Mensch ist zuerst ein Baby. Und dann wächst er und wird immer größer. Du warst früher auch ein Baby. Jetzt kommst du schon bald in den Kindergarten und eines Tages bist du eine ganz große Steffi.

So groß wie du Oma?

Sicher. Aber das dauert noch lange. Und nun wollen wir unsere Ente ein bisschen herumlaufen lassen.

Die Oma dreht den Schlüssel herum und die Ente watschelt über den Tisch.

Gagagagagack, gagagagagack.

Irina Korschunow

Die Geschichte vom lustigen Mädchen

Ein Mädchen wollte
nicht immer tun,
was alle tun.
Das fand es langweilig.
Darum ging es nur noch
rückwärts durch die Tür.
Dabei überrannte es
einmal den Großvater,
und das tat dem Mädchen Leid.
Es gewöhnte sich
das Rückwärtsgehen
wieder ab.

Aber wenn jetzt jemand
„Guten Morgen" sagte,
antwortete das Mädchen:
„Gute Besserung",
und wenn ihm jemand
„Guten Appetit" wünschte,
sagte es: „Glückliche Reise!",
und wenn jemand niesen musste,
rief es: „Herzlich willkommen!",
und wenn es aus Versehen
einem auf den Fuß trat,
sagte es zur Entschuldigung:
„Fröhliche Ostern!"
Darüber ärgerten sich
manche Leute,
und das Mädchen gewöhnte
sich auch dies wieder ab.

Von nun an setzte es sich
beim Essen auf den Tisch
und stellte den Teller
auf den Stuhl.
Bei einem großen Familienfest
regten die Tanten und Onkel
sich sehr darüber auf.
Aber wem schadete das denn?
Das Mädchen kümmerte sich
nicht um die Tanten und Onkel.
Es aß jetzt immer so
und fand es sogar bequem.

Ursula Wölfel

Nein!

Julia kann lesen,
alles kann Julia lesen.
Max kann auch lesen,
aber nur ein Wort.

Das eine Wort
von Max ist:
NEIN.
Max kann das Wort
sogar schreiben.

Max macht sich
viele Zettel.
Auf jeden Zettel
schreibt er groß
das eine Wort:
NEIN.

Einen Zettel klebt Max
an seine Türe:
NEIN.
Mama soll nicht
ins Zimmer kommen.

Einen Zettel klebt Max
an seinen Rucksack:
NEIN.
Julia soll nicht
den Rucksack nehmen.

Einen Zettel klebt Max
an den Fernseher:
NEIN.
Papa soll nicht
Fußball anschauen.

Einen Zettel faltet Max
ganz klein zusammen.
Er steckt den Zettel
in sein Spar-Schwein:
NEIN.
Kein Dieb soll
sein Geld stehlen.

Dann lernt Max
das zweite Wort:
ICH.

Ute Andresen

Ich und meine Schwester Klara

Du
Du kennst
Du kennst mich
Du kennst mich sicher
Du kennst mich sicher nicht.

Weißt du, das bin ich:
und das ist
meine Schwester Klara:

Du
Du sollst
Du sollst uns
Du sollst uns nicht
Du sollst uns nicht verwechseln.

Man verwechselt uns manchmal, weil wir uns beide auch verwechseln, wenn Mama fragt:

„Wer hat das Eis
aus dem Kühlschrank
aufgegessen?“,

dann antworte ich: „Klara.“ Obwohl ich auch mitgegessen habe. Und wenn Mama Klara fragt:

„Wer hat das Eis aufgegessen?“,

dann antwortet sie, dass ich es war, obwohl sie mitgegessen hat.

Jeder kann die zwei Löffel sehen:

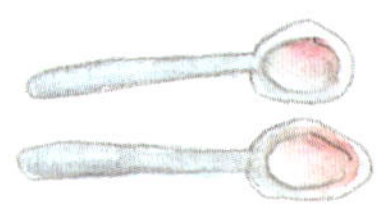

Warum Klara so sagt, weiß ich nicht. Und was mich betrifft, ich sage so, weil Klara mehr isst als ich. Sie hat nämlich so einen Mund:

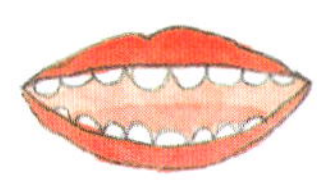

Viel größer als meiner:

Ich esse aber schneller.
Das weiß nur keiner.

Dimiter Inkiow

Gerald Jatzek

Warum sich Raben streiten

Weißt du, warum sich Raben streiten?
Um Würmer und Körner und Kleinigkeiten,

um Schneckenhäuser und Blätter und Blumen
und Kuchenkrümel und Käsekrumen

und darum, wer Recht hat und Unrecht, und dann
auch darum, wer schöner singen kann.

Mitunter streiten sich Raben wie toll
darum, wer was tun und lassen soll,

und darum, wer Erster ist, Letzter und Zweiter
und Dritter und Vierter und so weiter.

Raben streiten um jeden Mist.
Und wenn der Streit mal zu Ende ist,

weißt du, was Raben dann sagen?
Komm, wir wollen uns wieder vertragen!

Frantz Wittkamp

Jakob ist traurig. Warum?

Vielleicht hat er eine Geschichte erzählt
und keiner hat ihm zugehört.
Vielleicht hat er ein Lied gesungen
und die anderen haben sich die Ohren zugehalten.
Vielleicht hat er Lust auf ein Schmalzbrot gehabt
und keiner hat ihn abbeißen lassen.

Es gibt so viele Dinge, die einen traurig machen.

Jakob ist nicht der Einzige, der traurig ist.
Der Kasperl auf der Bettdecke ist traurig.
Jakob sieht es genau.
Das Wasser im Badezimmer rinnt traurig.
Die Tür ist auch traurig.
Hört nur, wie sie knarrt: oj, oj, oj –
Und die Bäume im Park haben traurige Gesichter.
Jakob kann schauen, wohin er will.

Jakob ist froh. Warum?

Vielleicht hat er eine Geschichte erzählt
und jeder hat gesagt:
„Das ist eine echte Jakob-Geschichte."
Vielleicht hat er ein Lied gesungen
und die anderen haben gerufen:
„Bitte noch einmal von vorn!"
Vielleicht hat er Lust auf ein Schmalzbrot gehabt
und Kathi hat ihn abbeißen lassen.

Es gibt so viele Dinge, die einen froh machen.

Jakob ist aber nicht der Einzige, der froh ist.
Der Kasperl auf der Bettdecke lacht.
Jakob sieht es genau.
Das Wasser im Badezimmer plätschert lustig.
Die Tür ist ganz quietschvergnügt.
Hört nur: jui, jui, jui –
Und die Bäume im Park haben vergnügte Gesichter.
„Komisch", sagt Jakob. „Alle machen's mir nach!"

Lene Mayer-Skumanz

Was uns die Angst nimmt

Vater und Mutter und vertraute Gesichter,
im Dorf und in der Stadt die Lichter.
Die Sonne, die uns am Morgen weckt,
das Kätzchen, das sich in unserm Arm versteckt.
Im Bett Teddybären und Puppen,
Sterne, die durchs Fenster gucken.
Bruder, Schwester, Neffen und Nichten
und in der Schule die schönsten Geschichten.
Alles, was jeden Tag mit uns lebt,
und am Abend das Nachtgebet.

Max Bolliger

Kinderzeit und Kinderwünsche

Paul Klee: Ein Kinderspiel, 1939, 385

Kleisterfarbe und Aquarell auf Karton; 43 x 32 cm; Die Sammlung Berggruen in den Staatlichen Museen zu Berlin

Was hat denn die am linken Auge ?

„Die guckt so ernst …“

„Eine, die herumhüpft und traurig guckt …“

Ein Mädchen in gelbem Kleid hüpft von links ins Bild hinein.

Mit seinen ausgestreckten Armen bemüht es sich, nicht aus dem Gleichgewicht zu kommen.

Rechts unten ist eine Wiese mit bunten Blumen angedeutet.

Der gerade Mund und das braune, blicklose Auge lassen das Gesicht des fröhlich springenden Mädchens ernst erscheinen.

Eine Spirale, ein Herz, zwei Rechtecke mit angefügtem Dreieck und zwei kleine Rechtecke fliegen umher.
Vielleicht bedeutet die geschlängelte Linie auf dem Rechteck des zweiten Auges ja ein umgedrehtes Fragezeichen und fordert uns auf, das Rätsel des spielenden Kindes zu lösen.

Jürgen von Schemm

Neue alte Kinderspiele

Seit es Kinder gibt, gibt es Spiele. Es ist einfach schön, zu springen und zu hüpfen, zu werfen und zu fangen, zu jagen und sich zu verstecken.
Viele Spielzeuge finden die Kinder in der Natur: Zweige und Blätter, Kieselsteine, Nüsse und Zapfen.
Alles kann zu Spielzeug werden: Knöpfe, Flaschendeckel, Gummiringe, Korken …
Die meisten Kinderspiele sind hunderte von Jahren alt und werden auf der ganzen Welt gespielt. Eines dieser Spiele ist das Seilspringen:

In der Seilspring-Sprache haben einige Wörter eine neue Bedeutung. Fragt eure Eltern! Vielleicht kennen sie diese Begriffe:

Salz: Das Seil muss sich sehr langsam drehen.

Pfeffer: Das Seil kommt allmählich in Fahrt. Es dreht sich schon schneller.

Essig: Jetzt dreht sich das Seil sehr schnell.

Glocke: Das Seil pendelt hin und her.

Hochwasser: Das Seil darf den Boden nicht berühren.

Ein altes neues Spiel – Jonglieren

Das Jonglieren mit Tüchern ist nicht schwer. Jongliertücher sind ganz leicht und fallen daher sehr langsam.

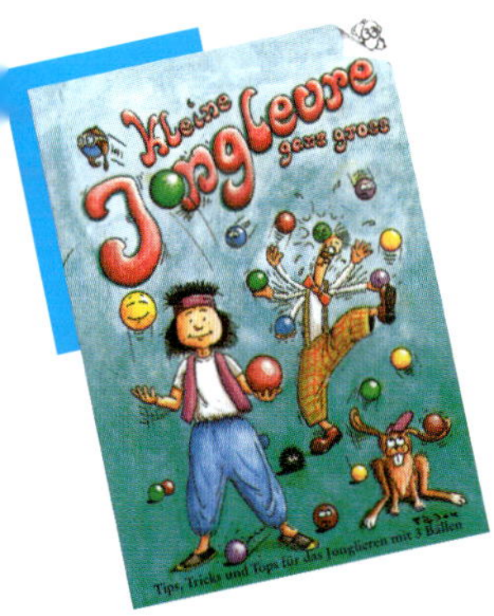

Mehr über das Jonglieren erfährst du in diesem Buch.

Was ein Tag alles bringt

Das Dorf liegt ruhig da.
Die meisten Menschen schlafen noch.
Doch einige sind schon unterwegs.
Der Zeitungsmann ist mit der Arbeit bald fertig …

Die Eltern schlafen tief und fest,
solang der Wecker sie schlafen
lässt …

Jörg schläft tief und fest.

Robert schläft tief
und fest.

Und wer schläft
unter diesem Tuch?

Nanu, so früh kommt schon Besuch?
Nein! Tante Anni kommt
nach Haus.

Sie ist Krankenschwester.
Die ganze Nacht war sie
im Krankenhaus.
Sie hat bei den Kranken gewacht.
Nun ist sie müde, sehr müde …

Wenn Jörg munter wird,
wird Twini auch munter.
Weil er sie weckt …

Wenn Jörg munter wird,
putzt Robert schon die Zähne.
Jeden einzelnen Zahn putzt er …

Der Vater ist schon ungeduldig.
Er möchte sich rasieren!

Die Mutter ist schon ungeduldig.
Sie möchte sich frisieren!
Doch Robert putzt und putzt
und putzt …

Jörg kann viel länger beim
Frühstück sitzen als Robert.
Er trinkt und isst lange.
Von Tante Anni will er ganz genau
wissen, wie es ihren Kranken geht.
Ob alle gut geschlafen haben?
Ob jemand nach ihr gerufen hat?
Ob jemand geweint hat in der Nacht?

Während Jörg noch beim Frühstück sitzt, sitzen Vater und Robert im Wagen. Der Vater bringt Robert zur Schule. Und dann muss er zur Arbeit fahren. Während Jörg zum Kindergarten geht, ist Robert schon bei der Schule.

Ernst A. Ekker

Wo gibts denn so was?

Illustrationen von A–Z: Andreas Röckener

Wünschelbaum

Schenk mir einen kleinen Hasen
und drei grüne Zaubernasen,
einen weißen Luftballon,
einen Eisenbahnwaggon,
schenk mir eine Maus aus Zucker
oder einen Sternespucker.

Schenk mir einen Malerpinsel,
einen Bach mit einer Insel,
ein Geheimnis zum Bewahren,
eine Puppe mit richtigen Haaren,
eine Trommel, die niemanden stört,
und ein Indianerpferd.

Schenk mir einen Zebrastreifen,
einen alten Autoreifen,
einen Schirm – am besten rot –,
ein Ruder und ein Ruderboot,
schenke mir für alle Leute
und zum Weiterschenken Freude.

Wünschelbaum,
sei kein Traum!

Georg Friedl

Anne wünscht sich ...

Kinderwünsche aus aller Welt

Rachel, 7 Jahre, Frankreich

„Wenn ich groß bin, möchte ich gern Fotomodell oder Sängerin werden. Ich turne auch gern und möchte später an Wettbewerben teilnehmen.“

Mónika, 8 Jahre, Ungarn

„Mein größter Wunsch wäre ein eigenes Tier. Ich mag unseren Wellensittich, aber er gehört meiner Schwester.“

Taryn, 7 Jahre, USA

„Ich wünschte, ich hätte eine Million Dollar, um Klamotten zu kaufen.“

Michael, 9 Jahre, Israel

„Hoffentlich erfindet bald jemand eine neue Art von Benzin, damit die Autos nicht mehr die Umwelt verpesten.“

Suchart, 12 Jahre, Thailand

„Wenn ich groß bin, möchte ich Mönch sein, denn sie führen ein einfaches Leben. Ich habe keine Wünsche. Ich bin rundum zufrieden.“

Tadesse, 9 Jahre, Äthiopien

„Ich wünschte mir, auf der Welt ginge es etwas friedlicher zu, damit alle Kinder ohne Sorgen und Angst aufwachsen könnten.“

Subaedah, 10 Jahre, Indonesien

„Wenn ich etwas an der Welt ändern könnte, dann würde ich alle bösen Menschen in gute Menschen verwandeln.“

Es weihnachtet

Im Wald is so staad,
Alle Weg san vawaht,
Alle Weg san vaschniebn,
Is koa Steigl net bliebn.

Hörst d' as z'weitest im Wald,
Wann da Schnee oba fallt,
Wann sie 's Astl o'biagt,
Wann a Vogel auffliagt.

Aber heunt kunnt's scho sei,
Es waar nomal so fei',
Es waar nomal so staad,
Dass si gar nix rührn tat.

Kimmt die Heilige Nacht.
Und da Wald is aufgwacht,
Schaugn de Has'n und Reh,
Schaugn de Hirsch übern Schnee.

Hamm sie neamad net gfragt,
Hot's eahr neamad net gsagt,
Und kennan s' do bald,
D' Muatta Gottes im Wald.

Ludwig Thoma

Peder Monsted: Wooded Winter Landscape, Mortaratsch

Am 4. Dezember

Geh in den Garten
am Barbaratag.
Gehe zum kahlen
Kirschbaum und sag:

Kurz ist der Tag,
grau ist die Zeit.
Der Winter beginnt,
der Frühling ist weit.

Doch in drei Wochen,
da wird es geschehn:
Wir feiern ein Fest,
wie der Frühling so schön.

Baum, einen Zweig
gib du mir von dir.
Ist er auch kahl,
ich nehm ihn mit mir.

Und er wird blühen
in seliger Pracht
mitten im Winter
in der Heiligen Nacht.

Josef Guggenmos

Vom heiligen Nikolaus

Alle Kinder kennen Sankt Nikolaus.
Am 6. Dezember feiern wir seinen Geburtstag.
Nikolaus war ein Bischof und lebte vor mehr als eintausendsechshundert Jahren in Myra in Kleinasien.
Einige seiner guten Taten sind uns durch Legenden bekannt.
Diese Legenden enthalten alle etwas Wahres und erklären, warum Sankt Nikolaus noch heute für die Kinder ein Geschenke-Bringer ist.

Eine solche Legende erzählt:

Ein Kaufmann war so arm geworden, dass er seinen Töchtern keine Mitgift* geben konnte. Davon erfuhr auch Nikolaus. Er beschloss, der Familie zu helfen. Eines Nachts kletterte er auf das Dach des Hauses, in dem die Familie des Kaufmanns wohnte, und warf mit Gold gefüllte Beutel durch den Schornstein hinein. Die Schwestern hatten vorher ihre frisch gewaschenen Strümpfe zum Trocknen in den Kamin gehängt, und genau dort landeten die Goldbeutel.
Wie staunten die Mädchen und freuten sich!
Sie erfuhren jedoch nie, wer ihnen den Reichtum beschert hatte.

Von dieser Legende kommt der Brauch, dass in vielen Ländern die Kinder am Abend des 5. Dezember ihre Strümpfe aufhängen oder ihre Schuhe bereitstellen, damit der Nikolaus sie füllen kann.

---

* Mitgift nennt man die Ausstattung, die ein Mädchen früher von seinen Eltern bekommen hatte, wenn es das Haus verlies, um zu heiraten. Geld, Wäsche, Porzellan und Einrichtungsgegenstände wurden dann der Braut mitgegeben.

Nikolaus-Lied

Melodie: Richard Rudolf Klein © Fidula Verlag, Boppard/Rhein und Salzburg

2. Aus dem Schlitten vor dem Haus
steigt der Nikolaus heraus.
Durch den Schnee stapft er daher
und trägt einen Sack gar schwer.

3. Guten Kindern in dem Haus
leert er seinen Sack wohl aus.
Kling und klang und kling und klang,
weiter gehts die Straß entlang.

4. Lieber guter Nikolaus,
bring uns kleinen Kindern was.
Die Großen lass nur laufen!
Die können sich was kaufen.

TRAUMBESCHERUNG

Ich hab mir was ausgedacht,
dass mir aber keiner lacht!
Dieses Jahr zur Weihnachtszeit,
da beschenk ich weit und breit,
alle Leut – ihr glaubt es kaum?
Jeder kriegt von mir ’nen Traum:
Raben, die Trompete blasen,
bring ich mit, karierte **Hasen**,
eine Fuhre **Gummibärchen**,
dreizehn **Flaschen** voller Märchen,
Bäume, die spazieren gehen,
Stunden, die ganz stillestehen,
Hunde, die sich reiten lassen,
frisch gebrat’nes **Eis** in Massen,
schnelle **Autos** für die Kinder,
einen **Zauber-Wunsch-Zylinder**,
Extra-Väter, nur zum Spielen,
Bälle, die von selber zielen,
eine **Müllkippe** zu Hause
und ’ne **Limonadenbrause**,
Betten, die im Dunkeln fliegen,
Masern, die wir niemals kriegen,

Sommerschnee auf Rodelwiesen,
aufblasbare bunte **Riesen**,
Feuerchen, die knisternd brennen,
Mütter, die nicht schimpfen können,
Badeseen an den Ecken,
Lutschbonbons so lang wie
Stecken,
Schulen, nur zum Lachenlernen,
Flugzeugtaxis zu den Sternen,
Sofas, um draufrumzuspringen,
Lieder, die sich selber singen,

Pulver zum Unsichtbarmachen,
ein paar kleine, zahme **Drachen**,
Katzen, die auf Rollschuh'n rennen,
Morgenstunden zum Verpennen,
Wände, um sie anzumalen,
Nüsse ohne harte Schalen,
einen **Löwen** zum Liebkosen
und statt Ärger rote **Rosen**.
Hier ist die Bescherung aus.
Sucht für euch das Beste raus!

Gina Ruck-Pauquèt

Der kleine Stern

Es war einmal in einer Nacht, da geschah etwas Besonderes:
Die Sterne strahlten plötzlich ganz hell und begannen zu singen.
Sie sangen:
„Das Christuskind ist geboren in einem Stall in Bethlehem.
Wir wollen allen diese frohe Botschaft verkünden.“

Ein Schaf hört, wie ein großer Stern die frohe Botschaft singt.
Wie im Traum folgt es dem Stern.

Das Schaf merkt nicht, dass in seiner Nähe auch ein
kleiner Stern ganz leise die frohe Botschaft singt.

Ein Hahn vernimmt die frohe Kunde von einem strahlenden Stern.
Mit fröhlichem Krähen folgt er ihm.
Auch der Hahn bemerkt den kleinen Stern nicht.

Dem Stier singt ein prächtiger Stern die frohe Botschaft.
Mit kräftigen Schritten stapft er dem Stern nach.
Auch der Stier sieht den kleinen Stern nicht.

Ein Esel hört einen hellen Stern von der guten Nachricht singen.
Voller Freude geht er hinter ihm her.
Aber den kleinen Stern erkennt auch der Esel nicht.

Das Schaf, der Hahn, der Stier und der Esel,
sie wandern alle hinter den Sternen her bis zu dem Stall,
in dem das Christuskind geboren wurde.
Nur der kleine Stern kann ihnen so schnell nicht folgen.

Da wurde der kleine Stern traurig, denn er wollte auch den Weg zu dem Christuskind weisen wie die anderen Sterne.

Auf einmal hört er eine leise Stimme.

Eine kleine Blume sagt zu ihm: „Bitte, lieber Stern, nimm meinen Duft und mein Leuchten mit zu dem Christuskind!"
Nun eilt der kleine Stern zum Stall, um dem Christuskind das Leuchten und den Duft der kleinen Blume zu bringen.

Im Stall stehen schon die Tiere: das Schaf, der Hahn, der Esel und der Stier. Sie schauen das neugeborene Christuskind an und freuen sich.

Als der kleine Stern in den Stall kam und dem Christuskind das Leuchten und den Duft der kleinen Blume brachte,
da lächelte das Christuskind.
Es wurde heller und heller im Stall und auf der ganzen Erde.

Der kleine Stern und die kleine Blume sind beide sehr glücklich.
Von nun an heißen sie Weihnachtsstern und Christrose.

Deutscher Text: Peter Block*

* Nach einer Idee von Masahiro Kasuya

Die Zeit steht niemals still

Wenn du wissen willst, wie spät es ist, siehst du auf die Uhr. Du schaust auf deine Armbanduhr, auf die Uhr am Kirchturm oder du fragst jemanden. Fast jeder hat heute eine Uhr. Die Uhrzeit regelt unseren Tagesablauf. Pünktlich klingelt morgens der Wecker, pünktlich gibt es Mittagessen, pünktlich schließen abends die Geschäfte. Früher, als es erst wenige Uhren gab, haben sich die Menschen nach dem Stand der Sonne gerichtet oder sie hörten auf das Läuten der Kirchenglocken. In der Nacht sorgte ein Nachtwächter für Ruhe und Ordnung und rief dabei zu jeder vollen Stunde die Zeit aus. Heute geben wir die Uhrzeit in Stunden und Minuten an. Wir können die Zeit exakt messen – aber anhalten können wir sie nie …

Neujahr

Noch 12 Sekunden,
noch 11,
noch 10,
das alte Jahr ist am Vergeh'n.

Noch 6 Sekunden,
noch 5,
noch 4,
das neue Jahr steht vor der Tür.

Noch 3 Sekunden
und jetzt
noch 2,
das alte Jahr ist schon vorbei.

1, 2, 3, 4,
5, 6 und 7
und weiter
wird die Zeit getrieben.

Und wei-ter
trip-peln die Se-kun-den
in klei-nen Schrit-ten
ih-re Run-den.

Alfons Schweiggert

Kalender

Wenn du wissen willst, wie spät es ist, schaust du auf die Uhr. Wenn du wissen willst, an welchem Tag die Ferien anfangen, musst du im Kalender nachsehen. Eine Uhr zeigt die Tageszeit, ein Kalender zeigt die Einteilung der Zeit in Jahre, Monate, Wochen und Tage. Unser Wort Kalender und auch die Namen der Monate kommen aus dem Lateinischen. Es gibt aber auch alte deutsche Monatsnamen. Sie enden oft mit „mond".
Damit ist die Zeit gemeint, in der der Mond die Erde umkreist:
29 Tage, also ungefähr ein Monat. Die alten Monatsnamen sagen etwas über die Kirchenfeste, über das Wetter oder über die Arbeit auf dem Feld aus. Deshalb können wir sie manchmal noch in ländlichen Gegenden hören oder in alten Wetter- oder Bauernregeln finden.

Januar: Jänner, Dreikönigsmonat, Hartung oder Eismond.
Februar: Feber, Lichtmessmonat, Hornung oder Narrenmond.
März: Fastenmonat, Frühlingsmonat, Lenzing oder Lenzmond.
April: Keimmonat oder Ostermond.
Mai: Marienmonat, Walpurgismond oder Wonnemond.
Juni: Johannismonat, Brachert oder Rosenmond.
Juli: Apostelmonat, Heuert oder Heumond.
August: Wallfahrtsmonat, Ernting oder Erntemond.
September: Engelsmonat, Scheiding, Herbsting oder Herbstmond.
Oktober: Kirchweihmonat, Gilbhart oder Weinmond.
November: Allerheiligenmonat, Nebelung oder Nebelmond.
Dezember: Christmonat, Julmond oder Wintermond.

Friederike Naroska

Das gereimte Jahr

Tritt frisch und klar ins neue Jahr
und rodle durch den **Januar**!

Im **Februar** hüpf
wie ein Ball
bunt schillernd
in den Karneval!

Im Frühjahr blicke
wie der **März**
mit Primelaugen
sommerwärts!

Trag warme Sachen
im **April**! Dann kann
er machen, was er will.

Wenn alles duftet, grünt
und blüht, sing wie der
Mai ein Frühlingslied!

Im **Juni** fahr das
Heu ins Haus
und radle an den
See hinaus!

Empfang den
Juli mit Hurra,
denn bald sind
deine Ferien da!

Und bade, spiel und toll
mit Lust im warmen,
prächtigen **August**!

Bleib heiter,
wenn die Blätter fallen
und die **September**-
nebel wallen!

Und im **Oktober**
musst du schaun
die Wälder, gelb
und rot und braun!

Nimm dich in Acht
vor Mumps und Husten,
wenn die **November**-
winde pusten!

Doch den **Dezember** fürchte nicht!
Er zündet an das Weihnachtslicht.

Ein Jahr ist bald herum. Jedoch:
Sehr viele Jahre folgen noch.

James Krüss

Die Blätter an meinem Kalender

Die Blätter an meinem Kalender,
die sind im Frühling klein
und kriegen goldene Ränder
vom Märzensonnenschein.

Im Sommer sind sie grüner,
im Sommer sind sie fest,
die braunen Haselhühner
erbaun sich drin ihr Nest.

Im Herbst ist Wolkenwetter
und Sonnenschein wird knapp,
da falln die Kalenderblätter,
bums, ab.

Im Winter, wenn die Zeiten hart,
hat es sich auskalendert.
Ich sitze vor der Wand und wart,
dass sich das Wetter ändert.

Peter Hacks

In dieser Minute

In dieser Minute, die jetzt ist –
und die du gleich nachher vergisst,
geht ein Kamel auf allen Vieren
im gelben Wüstensand spazieren.

Und auf den Nordpol fällt jetzt Schnee,
und tief im Titicacasee
schwimmt eine lustige Forelle,
und eine hurtige Gazelle
springt in Ägypten durch den Sand.

Und weiter weg im Abendland
schluckt jetzt ein Knabe Lebertran,
und auf dem großen Ozean
fährt wohl ein Dampfer durch den Sturm.

In China kriecht ein Regenwurm
zu dieser Zeit zwei Zentimeter,
in Prag hat jemand Ziegenpeter,
und in Amerika ist wer,
der trinkt gerade seine Tasse leer.

Und hoch im Norden irgendwo,
da hustet jetzt ein Eskimo,
und in Australien – huhu –
springt aus dem Busch ein Känguru.

In Frankreich aber wächst ein Baum
ein kleines Stück, man sieht es kaum,
und in der großen Mongolei
schleckt eine Katze Hirsebrei.

Und hier bei uns, da bist nun du
und zappelst selber immerzu,
und wenn du das nicht tätest, wär
die Welt jetzt stiller als bisher.

Eva Rechlin

Ein Tag in der Welt der Tiere

Tierische Schlafenszeiten

Tiere verbringen ihre Schlafenszeiten unterschiedlich.
Die **Fledermaus** hängt sich kopfunter an Höhlendecken oder Äste und verschläft den Tag.
Kühe und **Pferde** legen sich zum Schlafen nur dann hin, wenn sie sich ganz sicher fühlen.
Das **Zebra** und die **Antilope** schlafen wenig. Sie müssen stets auf der Hut sein.
Hoch in den Urwaldbäumen bauen sich die **Gorillas** ein Schlafnest.
Der **Koalabär** verbringt die längste Zeit seines Lebens schlafend in einer Astgabel.
Am wenigsten schläft die winzige **Zwergspitzmaus**. Sie muss fast ununterbrochen fressen, um zu überleben.

So lange schlafen sie:

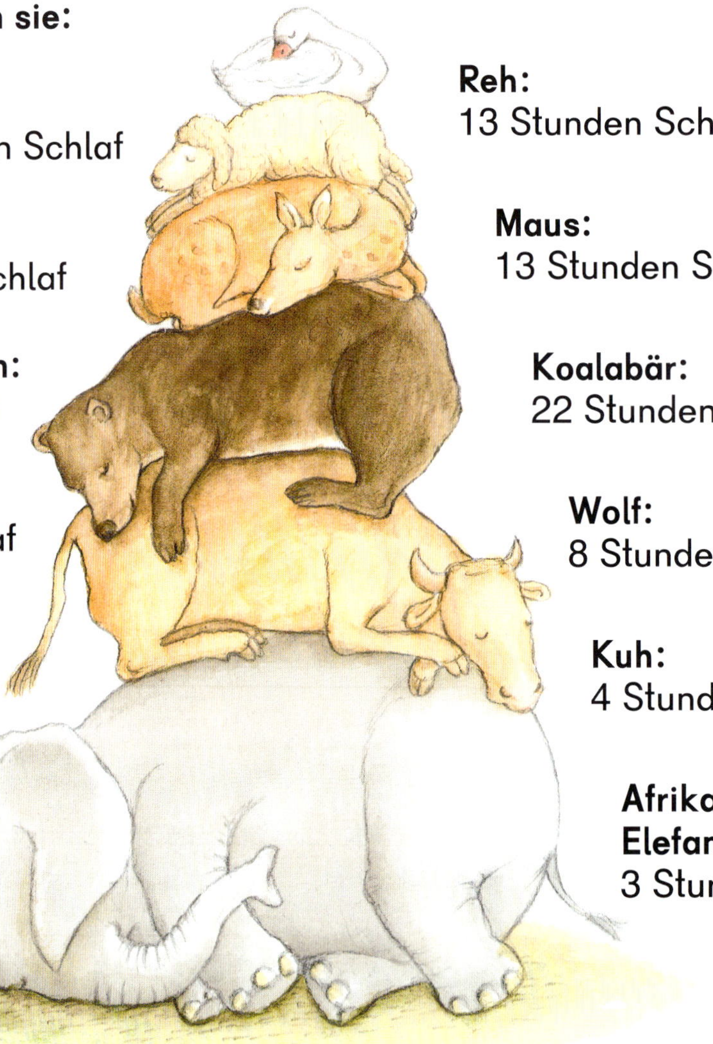

Katze:
13 Stunden Schlaf

Esel:
3 Stunden Schlaf

Meerschweinchen:
8 Stunden Schlaf

Goldhamster:
14 Stunden Schlaf

Braune Fledermaus:
20 Stunden Schlaf

Reh:
13 Stunden Schlaf

Maus:
13 Stunden Schlaf

Koalabär:
22 Stunden Schlaf

Wolf:
8 Stunden Schlaf

Kuh:
4 Stunden Schlaf

Afrikanischer Elefant:
3 Stunden Schlaf

Tierischer Appetit

Für manche Tiere ist die Nahrungsaufnahme harte Arbeit.
Der **Afrikanische Elefant** verbringt am Tag 18 Stunden mit Fressen und Trinken.
Der **Große Ameisenbär** frisst täglich 30 000 Ameisen und der **Pottwal** schluckt eine ganze Tonne Tintenfisch.
Andere sitzen einfach da und warten – so der **Maulwurf**, der sich von Tieren ernährt, die zufällig in sein Loch fallen.

So viel fressen sie:

Maulwurf:
Ein Maulwurf frisst jeden Tag so viel, wie er selbst wiegt (50 Gramm bis 80 Gramm).

Gemeiner Vampir*:
Der gemeine Vampir trinkt jeden Tag so viel wie zwei Esslöffel Blut. Das entspricht der Hälfte seines Körpergewichts.

Blauwal:
Ein Blauwal verschlingt jeden Tag 5 Kilogramm Krill.

Großer Panda:
Ein Großer Panda frisst jeden Tag zwischen 10 und 45 Kilogramm Bambussprossen.

Ameisenbär:
Ein Ameisenbär frisst jeden Tag mehr als 30 000 Ameisen.

Elefantenbulle:
Ein Elefantenbulle verschlingt täglich 227 Kilogramm Blätter und trinkt 80 bis 160 Liter Wasser.

* Der gemeine Vampir gehört zu der Familie der Vampire: Das sind Blut leckende Fledermäuse in den heißen und feuchten Gebieten Südamerikas. Mit ihren messerscharfen Zähnen verletzen sie Haustiere und saugen das Blut. Manchmal verletzen sie auch schlafende Menschen.

Winter

Lucas van Valckenborch: Winter

Es schneit

Merkst du?
Fühlst du?
Riechst du?
Es schneit!

Ein Stern schwebt herab
und noch ein Stern –
Schneeflocken sind wie Sterne.
Es schneit!

Lauf in die weiße Welt –
schau,
was vom Himmel fällt.
Es schneit!

Da sind deine Spuren.
Ist die Straße glatt?
Lach,
wenn's dich hingeschmissen hat!

Der Dame
platzt Heiners Schneeball am Hut.
Zum Rodeln
hat Markus als Erster den Mut.

Sabine schleppt schon ihre Ski herbei –
o je,
der Schnee
wird schnell zu Brei.

Den winzigen Schneewicht
hat Petra gebaut.
Er freut sich des Lebens,
solang er nicht taut.

Katrin Arnold

Die Hecke im Winter

Der Winter hat die Erde mit Schnee zugedeckt.
Auch auf der Hecke liegt Schnee.
Viele Tiere suchen in ihr Schutz.

Raupen und Käfer verstecken sich unter ihrer Rinde
oder graben sich in den Boden ein.
Zwischen den Wurzeln der Hecke kann der Frost
die Regenwürmer und Schmetterlingspuppen nicht erreichen.

Unter der Hecke liegen noch die abgefallenen Blätter.
Gut vergraben schlafen hier Igel, Eidechse und Kröte.
Der Schnee hält die Wärme fest, wie eine Decke.
Auch wenn es sehr kalt ist, gefriert die Erde
unter dieser Decke fast nie.

Amseln, Meisen, Finken und viele andere Vögel
finden auch im Winter Nahrung in der Hecke.
Sie fressen Samenkörner und trockene Beeren.

Nachts holen sich die Mäuse den Rest vom Vogelschmaus.
Spuren im Schnee verraten,
wer in der Nacht die Hecke besucht hat.

Die Grille und der Maulwurf

Eine Grille hatte den ganzen Sommer über nichts anderes getan, als auf ihrer Geige gefiedelt, weil ihr das so gut gefiel. Und als dann der Winter kam, hatte sie nichts zu essen; denn sie hatte das Feld nicht bestellt, also auch keine Ernte. Sie hatte keine Vorräte gesammelt. Hatte auch kein Winterhaus gebaut mit Ofen.

Da ging sie zum Hirschkäfer. Der Hirschkäfer war Oberförster vom Moosgestrüpp. Ein Oberförster muss zu den anderen Tieren gut sein und ihnen in der Not helfen.

„Könnte ich bei Ihnen vorübergehend kostenlos wohnen?", fragte die Grille.

„Nur für einen Winter, denn ich habe vergessen …"

„Oh, vergessen", sagte der Hirschkäfer, „vergessen! Ja, ja, das kennen wir. Erst den ganzen Sommer nutzlos herumfiedeln und dann auf anderer Leute Kosten leben. Nein, nein, Mariechen, geht nicht."

Da ging die Grille mit ihrer kleinen Geige weiter und kam zu der Maus. Die Maus wohnte in einer verbeulten Gießkanne. Die Maus hatte so viele Vorräte für den Winter gesammelt, dass diese für drei Winter gereicht hätten. Und zwar für zwei Personen.

„Nur vorübergehend", sagte die Grille. „Für einen Winter nur, wenn Sie das gestatten würden. Ich habe nämlich vergessen …"

„Oh, vergessen", sagte die Maus, „vergessen! Ja, ja, das kennt man. Den ganzen Sommer lang herumfiedeln und nicht arbeiten und auf anderer Leute Kosten leben wollen. Nein, nein, Mariechen, da wird leider nichts draus."

Da ging die Grille mit ihrer kleinen Geige weiter und kam zum alten Maulwurf, der in einer Kellerwohnung wohnte. Mit Ofen.

„Oh, Besuch“, rief der alte Maulwurf. „Kommen Sie doch mal näher. Kann nämlich nicht gut sehen, bin etwas kurzsichtig auf den Augen, weil ich blind bin. Kommt von der schwarzen Erde unter der Erde, wo ich arbeite. Macht nix.“

Als er die Grille erkannte, freute er sich, denn er hatte im Sommer oft ihrem Gefiedel gelauscht. Wer schlecht sieht, der hört gern zu, wenn einer Musik spielt.

„Spiel doch mal was auf der Geige, du!“, sagte der alte Maulwurf.

Und die Grille fiedelte und geigte und der Ofen bollerte. Im Topf roch die Suppe und so verging ihnen der Winter wie ein Tag. War ein schöner Winter für die beiden, wohl der schönste ihres Lebens.

Text/Bild: Janosch

Leute erschrecken!

Im letzten Fasching hatten Anne und ich einen Plan: Wir wollten uns so verkleiden, dass alle Leute vor uns erschrecken. Furchtbar sollten wir aussehen.

Wir haben Vaters alte schwarze Jacke, einen alten grauen Mantel und Mutters roten Rock geholt. Einen langen Schleier, Handschuhe und zwei Hüte haben wir auch gefunden. Das haben wir angezogen.
Dann hat sich Anna mit Mutters Lippenstift Blut ins Gesicht gemalt und ich habe meine Backen und meine Nase schwarz gemacht.

Nun konnte das „Leuteerschrecken“ losgehen.

Minka, unsere Katze, ist vor Schreck gleich unter das Sofa gesaust. Mutti ist so erschrocken, dass sie uns zwei Krapfen versprochen hat, wenn wir ihr nichts tun. Das war prima! Mit den Krapfen sind wir dann auf die Straße gegangen.
Der Dackel von Müllers, der uns immer anbellt, hat sich nicht mehr zu bellen getraut. Die Frau Scholz im Kiosk hat gejammert: „Hilfe, zwei Ungeheuer!“, und jede hat ein Bonbon bekommen.

Es war wirklich riesig toll, alle Leute zu erschrecken. Bis – ja, bis uns dieses Gespenst begegnet ist.

Es war wie ein richtiges Gespenst, so mit schwarzen, großen Augen, mit langen Zähnen und ganz weiß. Wie wir es erschrecken wollten, hat es uns angeschaut. Seine Augen haben grün geleuchtet und es hat ganz laut „Buhuhuhu!“ geschrien. Es war furchtbar.

Blitzschnell sind wir nach Hause gerannt. Beim Abendessen haben unsere Eltern und unser großer Bruder so komisch gelacht. Wenn ich nur wüsste, warum?!

Lustig ist die Fasenacht,
wenn mei Mutter Küachl bacht,
wenn sie aber keine bacht,
pfeif ich auf die Fasenacht.

Faschingszeit – Maskenzeit

ein Streifengesicht

ein wildes Tier

ein Gesicht zum Fürchten

ein Traum

So kannst du dein Gesicht verzaubern:

Wasserlösliche Schminkfarben lassen sich leicht mit einem Pinsel oder Schwamm auftragen.
Du kannst sie auch mischen. Dann entstehen viele neue Farben.
Sogar die Haare kannst du damit färben.
Mit Wasser und Seife lassen sich die Farben leicht abwaschen.

Sei vorsichtig, wenn du um die Augen herum schminkst!

Lied der Eiszapfen

Eis
zapfen
zapfen
zapfen
Eis
Zapfen
Zapfen
Eis
Zapfen
Zapfen

klink –

Tropfen
Tropfen
Tropfen
Eis
Tropfen
Tropfen
Eis
Tropfen
Tropfen
Eis

ping –

Zapfen
Zapfen
Zapfen
Eis
Zapfen
Zapfen
Eis
Zapfen
Zapfen
Eis

spring –

Eis
zapfen
tropfen
Eis
zapfen
tropfen
Eis
zapfen
tropfen
tropfen
tropfen
Tropfen

blink …

Friedl Hofbauer

Der Schneemann

Der Schneemann hat ein Mondgesicht,
und er ist lausekalt.
Gesunde Farben hat er nicht,
drum wird er auch nicht alt.

Er freut sich, wenn es tüchtig schneit
bei kaltem Wind von Ost.
Dann wächst an ihm ein neues Kleid.
Er mag den scharfen Frost.

Wir haben diesen kalten Herrn
vor unserm warmen Haus
bis Februar von Herzen gern.
Dann ist die Liebe aus.

Weg mit dem Frost, mit Eis und Schnee
und mit dem weißen Mann!
Der Abschied tut uns gar nicht weh.
Jetzt kommt der Frühling an!

Eva Rechlin

Nun treiben wir den Winter aus

Nun treiben wir den Winter aus,
den alten, kalten Krächzer.
Wir jagen ihn zum Land hinaus,
den Brummbär und den Ächzer,
und laden uns den Frühling ein
mit Blumen und mit Sonnenschein.
Juhei! Juhei, Juhei!
O komm herbei!
O Mai, o Mai!

Das leere Stroh,
das dürre Reis
und alles, was vermodert,
das geben wir dem Feuer preis,
dass hoch die Flamme lodert,
und laden uns den Frühling ein
mit Blumen und mit Sonnenschein.
Juhei! Juhei! Juhei!
O komm herbei!
O Mai, o Mai!

Guido Görres

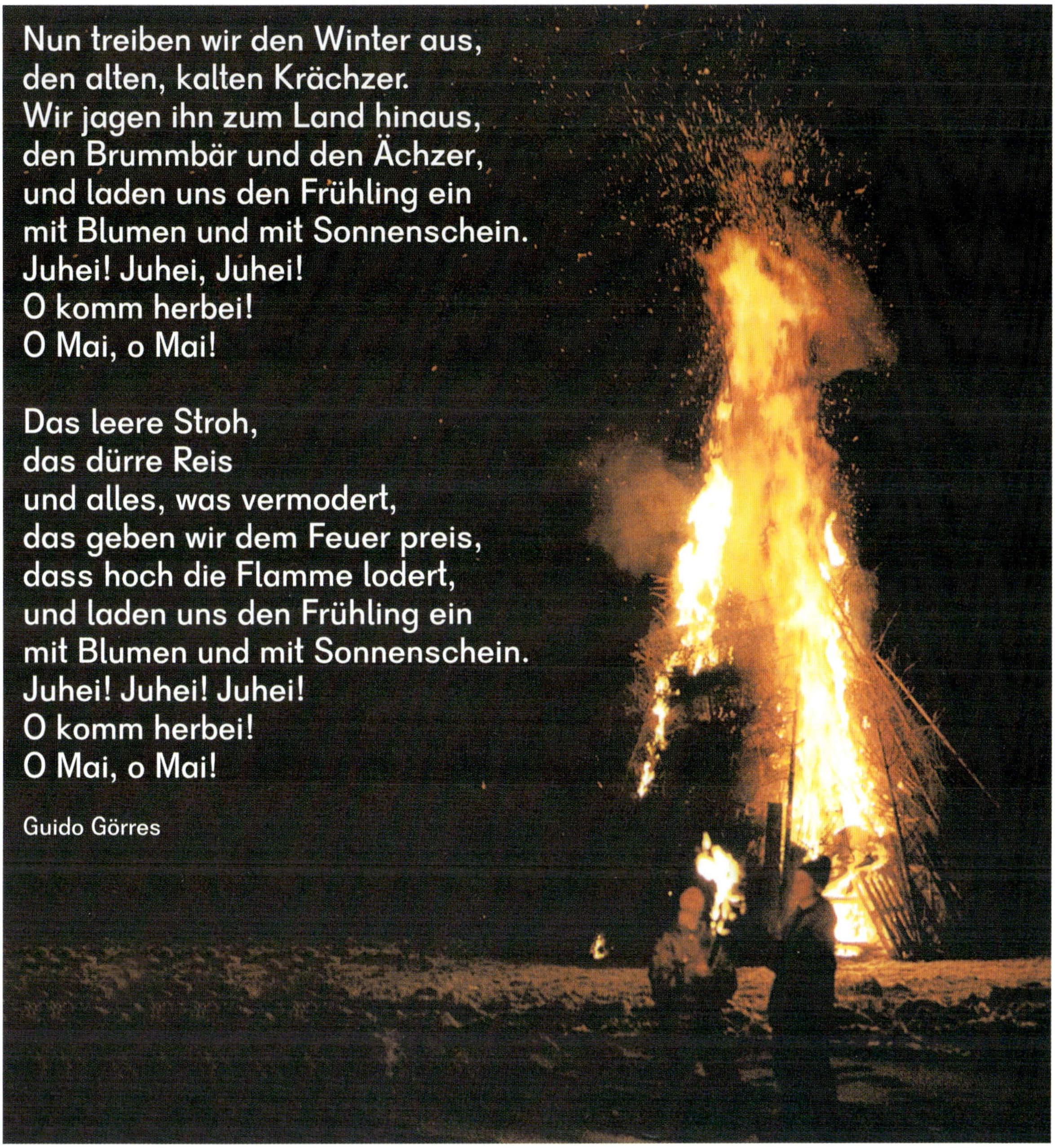

Foto: Miller

Funkenfeuer

Schon immer haben sich die Menschen gefreut, wenn der Winter vorbei war. Das haben sie dann auch gefeiert.
So gibt es heute zum Beispiel im Allgäu noch den „Funkensonntag“:
Zu Beginn der Fastenzeit errichten die Menschen Funkenfeuer.
Dazu sammeln auch die Kinder viel Brennmaterial. Wenn die Flammen hoch lodern, spielt die Blasmusik und alle essen „Funkenküchle“.
Mit dem Feuer soll alles Böse verbrennen.

Mit allen Sinnen die Welt erfassen

Der Stein

In meiner Hand
liegt ein kühler Stein.

Meine Hand
wärmt den Stein.

Meine Finger
schließen Freundschaft
mit dem Stein.

Georg Bydlinski

Über die Erde

Über die Erde
sollst du barfuß gehen.
Zieh die Schuhe aus,
Schuhe machen dich blind.
Du kannst doch den Weg
mit deinen Zehen sehen.
Auch das Wasser
und den Wind.

Sollst mit deinen Sohlen
die Steine berühren,
mit ganz nackter Haut.
Dann wirst du bald spüren,
dass dir die Erde vertraut.

Spür das nasse Gras
unter deinen Füßen
und den trockenen Staub.
Lass dir vom Moos
die Sohlen streicheln und küssen
und fühl
das Knistern im Laub.

Steig hinein,
steig hinein in den Bach
und lauf aufwärts
dem Wasser entgegen.
Halt dein Gesicht
unter den Wasserfall.
Und dann sollst du dich
in die Sonne legen.

Leg deine Wange an die Erde,
riech ihren Duft und spür,
wie aufsteigt aus ihr
eine ganz große Ruh'.
Und dann ist die Erde
ganz nah bei dir,
und du weißt:
Du bist ein Teil von allem
und gehörst dazu.

Martin Auer

Die Sinne

Deine Sinne sind wie
Türen in deinem Körper:
Durch sie entdeckst du
die Welt! Du siehst schöne
Landschaften, du hörst
Lieder, du probierst gute
Kuchen, du riechst den Duft
der Blumen, du ertastest ihre
samtenen Blätter.

Wir haben fünf Sinne:

Sehen, Hören, Riechen,
Schmecken, Tasten.
Die Sinnesorgane sind die
Augen, die Ohren, die Nase,
die Zunge und die Haut.
Sie nehmen die Empfin-
dungen auf und leiten sie zu
deinem Gehirn. Dieses gibt
Befehle an die Muskeln,
die sich daraufhin bewegen.

Dorine Barbey*

*übersetzt von Brigitte Dalens

Ich freu mich

Ich freu mich, dass ich Augen hab,
die alles ringsum sehn.
Freu mich, dass ich Füße hab,
wohin ich will zu gehn.
Freu mich über meine Ohren,
dass ich die Vögel hören kann –
und zieht der Kuchenduft ins Zimmer,
wie freut mich meine Nase dann.

Die Hände greifen, was ich will,
die Finger halten selten still –
und meine Haare kitzeln mich,
und was der Kopf denkt, spreche ich.

Lutz Rathenow

Leise Geräusche

Nachts, wenn es ganz leise ist
und niemand mehr die Ruhe stört,
dann hört man all die leisen Dinge,
welche man am Tag nie hört:

Leise knackt der Küchenstuhl,
im Kühlschrank klirrt das Einmachglas,
es tropft der Wasserhahn im Bad
und draußen streicht der Wind durchs Gras.

Tags, wenn viele Menschen reden
und dazu das Radio spricht,
tags, wenn all die Autos fahren,
hört man diese Sachen nicht.

KNISTER

Hört-das-Gras-wachsen

Indianer hören die Eisenbahnzüge lange, bevor sie da sind. Sie brauchen nur ein Ohr an die Schiene zu legen. Ist keine Schiene da, so legen sie das Ohr auf die Erde. Sie hören dann natürlich keinen Zug, sondern zum Beispiel einen Reiter, den sie schon lange erwarten, oder eine Büffelherde. Wenn nichts unterwegs ist, hören sie nichts. Doch das ist selten.
Einmal lebte ein Indianer, der Hört-das-Gras-wachsen hieß und der das Gras wachsen hörte. Er brauchte nur sein Ohr auf die Erde zu legen. Was er hörte, war kein Rauschen, kein Knistern und kein Krachen, es war nichts von all dem, war alles auf einmal und ganz etwas anderes. Es war ein lautes Kitzeln im Ohr des Indianers, aber auch das wars nicht genau. Hört-das-Gras-wachsen lachte, wenn er das Kitzeln hörte. Er stand auf und sagte zu seinen Gefährten: Das Gras wächst! Hört-das-Gras-wachsen erhielt keine Antwort, denn Indianer sind schweigsam.

Jürg Schubiger

Lautlose Sprache

Guten Tag!

Die Indianerstämme sprechen viele unterschiedliche Sprachen und Dialekte. Um sich trotzdem untereinander verständigen zu können, haben die Indianer eine Zeichensprache erfunden.

Mit der Zeichensprache können die Namen der Stämme, Tiernamen und andere Bezeichnungen dargestellt werden. Bestimmte Gesten und Handzeichen haben bei allen Stämmen die gleiche Bedeutung.

Da diese Sprache lautlos ist, kann man sich mit ihr auch unbemerkt verständigen:

Zeichensprache für Indianer von heute:

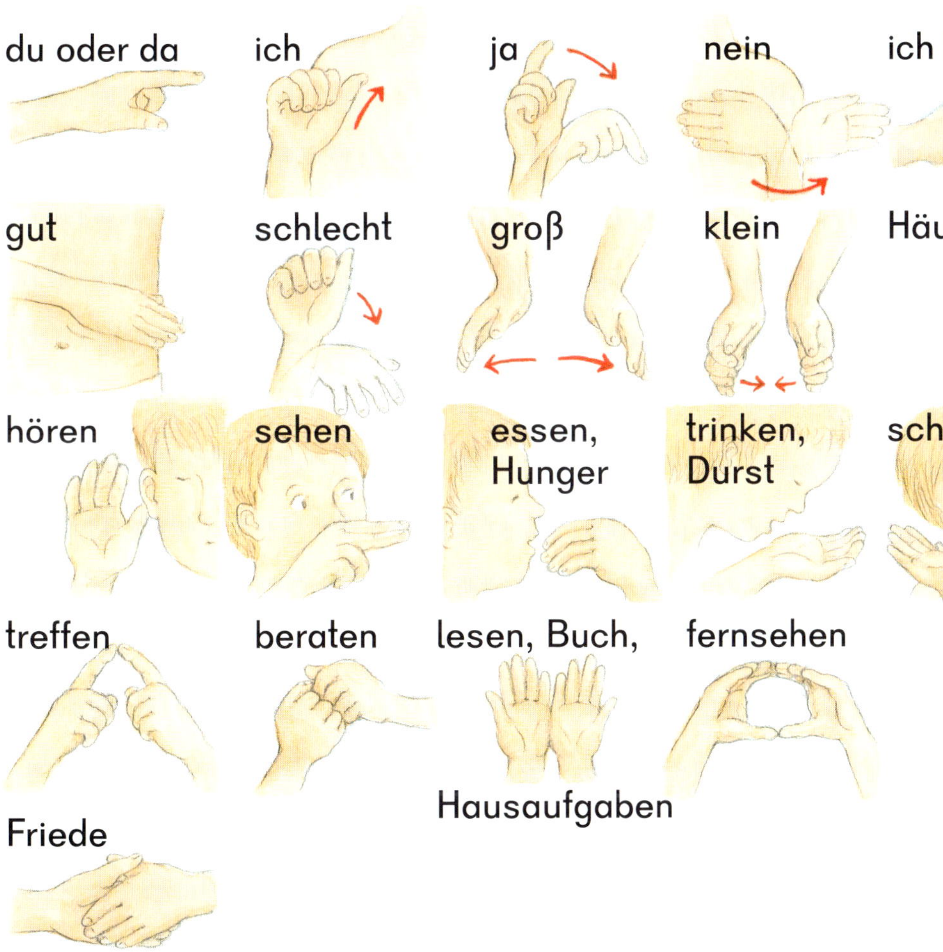

Hajo Blank

Ein Indianer-Fest

Lea hat heute Geburtstag.
Sie hat sich etwas Besonderes gewünscht:
einen Indianer-Geburtstag.

Alle Freunde und Freundinnen
sollten als Indianer kommen.
Aber Indianer sind hungrig und durstig.
Lea bereitet deshalb mit ihren Eltern
ein Indianer-Festmahl vor.

Indianer-Stockbrot

Für 6 Brote braucht man:*
400 g Weizenmehl,
½ Tl Salz, 2 Tl Backpulver,
50 g Butter, 150 ml Milch

So wirds gemacht:

- Mehl, Salz und Backpulver in einer Schüssel mischen, Butterflocken hineinstreuen
- das Ganze zu einem krümeligen Teig zusammenkneten
- Milch dazugießen
- noch einmal gründlich durchkneten
- den Teig in eine Schüssel füllen

Indianer-Bowle

Für 1 Liter braucht man:*
1 l Mineralwasser,
2 Zitronen, 2 Orangen,
verschiedene Früchte

So wirds gemacht:

- Zitronen und Orangen auspressen
- Saft mit dem Mineralwasser mischen
- Früchte in ganz dünne Scheiben schneiden
- Fruchtstücke in die Bowle geben, ziehen lassen

* Tl = Teelöffel
l = Liter
ml = Milliliter
g = Gramm

Am Nachmittag kommen endlich die Freundinnen und Freunde von Lea.
Eine ganze Schar von Indianern –
mit Federn auf dem Kopf und bunt bemalten Gesichtern.
Das ganze Indianer-Volk wandert mit den Eltern
von Lea zum Grillplatz vor der Stadt.

Dort gibt es eine gute Feuerstelle.
Bald brennt das Lagerfeuer hell.
Die Indianer warten, bis sich recht viel Glut gebildet hat.
Nun bekommt jeder ein Stöckchen.
Lea holt den Brotteig. Alle formen Kugeln aus Teig,
rollen sie zwischen den Fingern zu Schlangen und
wickeln diese um die Stöcke.
Der Brot-Stock wird über die Glut gehalten.
Er muss die ganze Zeit gedreht werden,
damit der Teig an keiner Stelle anbrennt.
Wie das Brot aufgeht! Es wird schön hellbraun.

Die Indianer bekommen richtig Hunger.
Sie bestreichen das Brot mit Weichkäse.
Dazu gibt es die leckere Indianer-Bowle.
Bald sind alle satt und zufrieden.
„Auf zum Indianertanz!“, ruft Lea.
Und die Indianer tanzen, singen und spielen,
fast bis die Sonne untergeht.

Frühling wirds

Giuseppe Pellizza da Volpedo: Frühlingsidylle

Der Frühling kommt bald

Herr Winter,
geh hinter,
der Frühling kommt bald!
Das Eis ist geschwommen,
die Blümlein sind kommen,
und grün wird der Wald.

Herr Winter,
geh hinter,
dein Reich ist vorbei.
Die Vögelein alle,
mit jubelndem Schalle,
verkünden den Mai.

Christian Morgenstern

Frühling

Eines Morgens ist der Frühling da.
Die Mutter sagt,
sie riecht ihn in der Luft.

Pit sieht den Frühling.
An den Sträuchern im Garten
sind hellgrüne Tupfen.

Anja hört den Frühling.
Neben ihr, auf dem Dach,
singen die Vögel.

Unten vor dem Haus
steigt Vater in sein Auto.
Er fühlt den Frühling.
Die Sonne scheint warm
auf sein Gesicht.

Aber schmecken
kann man den Frühling noch
nicht.
Bis die Erdbeeren reif sind,
dauert es noch lange.

Christine Nöstlinger

April

„Kommt heraus!“, ruft der April den Kindern zu.
„Die Sonne hat die Pfützen aufgeschluckt.
Nehmt eure Rollschuhe und Fahrräder mit!“

„Lauft ins Haus!“, ruft der April.
„Ich habe Lust auf richtiges Hagelwetter.
Knospen und Blüten will ich umknicken.
Passt auf, dass ich eure Nasen nicht abreiße!“

„Wo bleibt ihr denn?“, fragt der April.
„Die Schmetterlinge und Bienen sind auch schon draußen.
Kommt her, ich will euch mit Sonnenstrahlen kitzeln!“

„Fort mit euch!“, ruft der April.
„Ich stoße eure Sandburgen und Spielsachen um
und reiße euch die Mützen vom Kopf und
die Ziegel von den Dächern.
Ich habe Lust auf einen richtigen Sturm!“

„Das ist uns gleich!“, rufen die Kinder.
„Nun bleiben wir draußen und patschen mitten
in den vollen dicken Matsch!
Das macht Spaß
im April.“

Barbara Cratzius / Hilde Heyduck-Huth

Morgen um 10 Uhr im Olympia-Stadion

Der Goldspürhund zeigt, was er kann

Australische Hunderasse wird zum Goldsuchen eingesetzt.

München – Dem Hundeverein München e.V. ist es gelungen, einen so genannten Goldspürhund zu erwerben. Dieses Tier kann das wertvolle Metall erspüren, auch wenn es tief in der Erde verborgen ist. Mit einer Art Pfotensprache zeigt der Hund an, in welcher Tiefe das Gold liegt. Morgen Vormittag, 10 Uhr, wird der Goldspürhund im Olympia-Stadion zeigen, was er kann. Das gefundene Gold wird anschließend unter den Zuschauern verlost.

Foto: xyz

Der australische Goldspurhund „Goldi“ bei seiner Ankunft in München.

Neuheit auf der Erfindermesse in Nürnberg

München – Eine freudige Nachricht für alle, die es in der Früh sehr eilig haben. Sie ist erfunden: die Dusch-Kämm-Zahnputz-Abtrocken-Maschine! Ab heute muss sich niemand mehr mühevoll duschen, abtrocknen, kämmen und die Zähne putzen. All dies erledigt nun die Erfindung von Frau Sauberwasser. Die Maschine arbeitet perfekt und schmerzfrei. Morgen kann die Maschine ganztägig auf dem Marienplatz kostenlos getestet werden. Seife und Zahnbürste müssen allerdings mitgebracht werden.

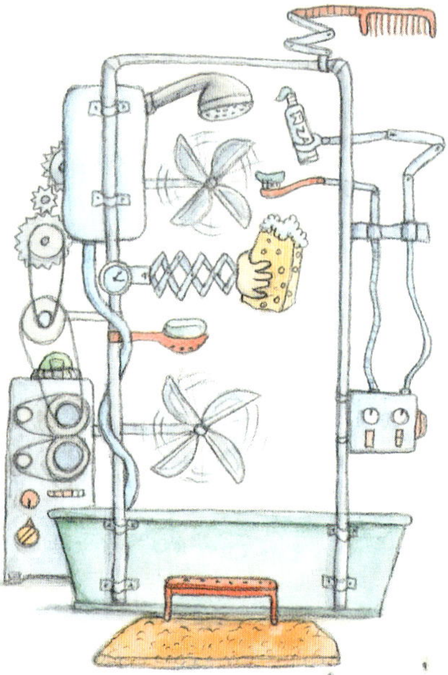

Osterbräuche

Das **Osterfest** feiern wir im Frühling, genau an dem Sonntag, der dem ersten Vollmond nach Frühlingsanfang folgt. Das Frühlingsfest erinnert uns an die Auferstehung Jesu.

Der Sonntag vor Ostern heißt **Palmsonntag**. Da tragen die Kinder grüne Zweige oder **geschmückte Stöcke** zur Kirche. Der Schmuck wird aus Buchsbaum, Weidenkätzchen und Immergrün mit farbigen Bändern um die Stöcke gebunden. Der Palmsonntag erinnert uns an den Tag, an dem Jesus mit seinen Freunden in die Stadt Jerusalem kam.

Das Ei gilt in der ganzen Welt als Zeichen für neues Leben. Das **Osterei** und der **Osterhase** schmücken das Osterfest.

Zum Osterfest werden oft **Figuren** aus **Hefeteig** gebacken: Hasen, Lämmer, Hühner, Kränze, Zöpfe mit eingebackenen Eiern.

Für das **Osternest** holen Kinder Moos aus dem Wald. Sie bauen daraus Nester im Garten, auf dem Balkon oder im Zimmer.

Für das **Osterfeuer** sammeln die Leute trockene Äste, alte Weihnachtsbäume, verbrauchtes Stroh. Mit dem Osterfeuer verbrennen die Reste des Winters und des alten Jahrs.

nach Sabine Lohf

Volksmund

Osterbrunnen

© Lippert-Verlag, Ebermannstadt

Einen Tag vor Ostern wird bei uns
im Dorf der Brunnen
mit tausenden von bunten Eiern
geschmückt.
Viele Leute helfen mit,
die Eier auszublasen und zu
bemalen.
Meine Oma hat mir erklärt,
woher der Brauch kommt.
Bei uns in der Fränkischen
Schweiz war das Wasser schon
immer knapp.

Früher musste es mühsam
zu den Häusern auf den Bergen
getragen werden.
Deshalb waren alle froh,
als man tiefe Brunnen bohren
konnte.
Jedes Jahr zu Ostern wurden sie
gesäubert.
Als Zeichen dafür, wie wertvoll
das Wasser war,
schmückte man die Brunnen mit
bunten Eiergirlanden.

Der Hase mit den Schweinsöhrchen

Hase Henry war der kleinste in der ganzen Hasenfamilie. Leider hatte er nicht so lange Ohren wie die anderen. Seine Ohren waren überhaupt ganz anders: kurz und klein und rosa und ein bisschen dreckig. Sonst sah er aus wie ein Hase, nur sein Schwanz war nicht so rund, sondern etwas gekringelt.

Die Geschwister hänselten ihn dauernd. „Schweinsohr", riefen sie hinter ihm her und lachten ihn aus. Dann kämmten und bürsteten sie ihre langen Ohren bis sie glänzten. Und manchmal schmierten sie ganz viel Frisiercreme hinein. Dann glänzten die Ohren noch mehr und standen ganz steif in die Höhe. Der kleine Henry fand das nicht sehr schön. Die Geschwister ärgerten ihn dann umso mehr. „Schweinsöhrchen, Schweinsöhrchen, schlabbriges Schweinsöhrchen!", sangen sie laut hinter ihm her. Dem kleinen Henry war das ziemlich egal.

Einmal hoppelte Henry an einem Bauernhof vorbei. Da sah er neben dem Stall eine ganze Schweinefamilie. Die hatten alle so kleine, so rosa und ein bisschen dreckige Ohren wie er – und einen Ringelschwanz. Henry überlegte nicht lange. Jetzt wusste er, dass er eigentlich gar kein richtiger Hase war, sondern zu einer Schweinefamilie gehörte. Also blieb er bei den Schweinen. Die freuten sich und alle Leute auf dem Bauernhof liebten Henry, streichelten ihn und nannten ihn zärtlich „Hase Schweinsöhrchen".

Robert Erker / Gabriele Roß

Muttertag – Vatertag

Ich schenk dir einen Regenbogen

Text/Melodie: Dorothée Kreusch-Jacob © Patmos Verlag, Düsseldorf

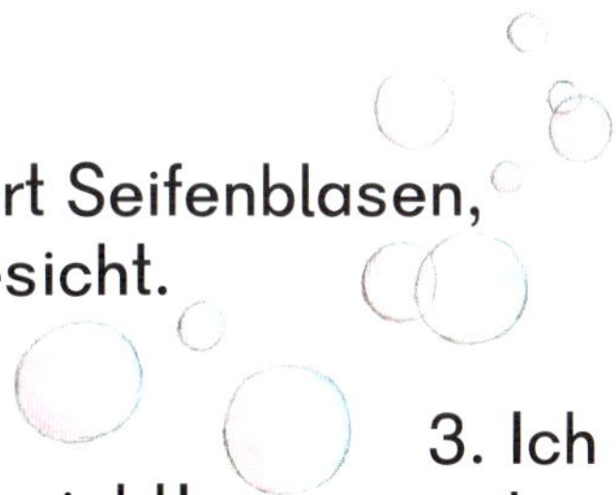

2. Ich schenk dir hundert Seifenblasen,
sie spiegeln mein Gesicht.
Ich wünsch dir was!
Was ist denn das?
Nein - ich verrat's dir nicht!

3. Ich schenk dir eine weiße Wolke
hoch am Himmel dort.
Ich wünsch dir was!
Was ist denn das?
Es ist ein Zauberwort.

4. Ich schenk dir einen Kieselstein,
den ich am Wege fand.
Ich wünsch dir was!
Was ist denn das?
Ich schreib's in deine Hand.

5. Ich schenk dir einen Luftballon,
er schwebt ganz leicht empor.
Ich wünsch dir was!
Was ist denn das?
Ich sag's dir leis ins Ohr!

6. Ich schenke dir ein Kuchenherz,
drauf steht: „Ich mag dich so!"
Ich wünsch dir was!
Was ist denn das?
Jetzt weißt du's sowieso!

Haustiere

Dieses Bild malte Jan Brueghel der Ältere vor fast 500 Jahren.
Er stammte aus einer berühmten niederländischen Malerfamilie.

Auf allen seinen Bildern gibt es viel zu entdecken.
Sie sind wie erzählte Geschichten.
Am liebsten malte Jan Brueghel der Ältere Tiere, Landschaften und Blumen.

Jan Brueghel der Ältere: Einzug in die Arche Noah

Sicher kennst du diese Geschichte aus der Bibel:
Noah erhielt von Gott den Auftrag, ein riesiges Schiff zu bauen.
Das Schiff sollte sehr groß sein.
Noahs Familie und von jeder Tierart ein Paar sollten darauf Platz finden. So konnten sie vor der Flut gerettet werden.

Rettung für Stummel

Ich heiße Laura. Unser Haus liegt in der Nähe von einem Park. Gleich hinter dem Park ist das Schwimmbad, dort gehe ich oft hin. Meistens kommt meine Freundin Susi mit. Aber in den großen Ferien ist sie gleich mit ihren Eltern nach Teneriffa geflogen und ich bin allein zum Baden gegangen.

Abends auf dem Heimweg musste ich mal. Ich habe mir eine einsame Stelle im Park gesucht und mich hinter einen Busch gesetzt. Da sah ich eine Frau kommen. Sie hatte einen Hund an der Leine, solch einen kleinen grauen mit einem Stummelschwanz und Haaren über den Augen. Er ging neben ihr her und schnupperte und schnüffelte. An einem Baum blieb er stehen und hob das Bein.

Die Frau blieb auch stehen. Sie blickte sich um, als ob sie etwas suchte. Dann band sie die Hundeleine an dem Baum fest und lief eilig weg. Einfach weg! Der Hund winselte und versuchte sich loszureißen. Aber er schaffte es nicht.

Ich ging zu ihm. „Frauchen holt dich ja gleich wieder ab“, sagte ich und streichelte sein graues Fell. Er kümmerte sich nicht um mich. Er winselte nur. Es hörte sich jämmerlich an.

Als ich am nächsten Morgen wieder durch den Park ging, war der Hund immer noch da.
Er lag im Gras und ließ die Zunge heraushängen. Er sah durstig und traurig aus. Und weil er nicht mal eine Hundemarke am Halsband hatte, machte ich ihn los und nahm ihn mit nach Hause.

„Ach du je“, sagte meine Mutter. „So ein armer Kerl.“ Sie gab ihm Wasser und ein paar Stücke Fleisch von unserem Abendessen und auch noch ein Leberwurstbrot. Er fraß alles auf. Dann setzte er sich auf die Hinterpfoten und wedelte mit dem Stummelschwanz.

„Vielleicht hätte sein Frauchen ihn doch noch geholt“, sagte ich.
Doch meine Mutter schüttelte nur ärgerlich den Kopf.
„Schönes Frauchen! Die wollte ihn loswerden, weiter nichts. In der Ferienzeit passiert so was oft. Erst schaffen sich die Leute einen Hund an, und wenn sie verreisen wollen, setzen sie ihn einfach aus. Irgendwo anbinden – weggehen – fertig. Und dann kommt das arme Vieh als Fundsache ins Tierheim.“

„Der hier aber nicht!“, rief ich. „Der bleibt bei uns! Wir haben ein Haus und einen Garten, da hat er Platz.“
„Ach du je“, sagte meine Mutter wieder. Sie hat nämlich nie einen Hund haben wollen, wegen dem Dreck und der Arbeit. „Wir fahren doch bald nach Italien“, sagte sie. „Und Papa …“
Aber mein Vater wollte den kleinen Grauen auch behalten und nach Italien sind wir trotzdem gefahren. Der Hund musste nur geimpft werden. Dann konnte er mit. Er heißt jetzt Stummel und alle mögen ihn gern.

Irina Korschunow

Hunderassen

Foxterrier	
Name	Foxterrier, glatthaarig und drahthaarig
Pflege	Glatthaar-Terrier regelmäßig kämmen und bürsten, Drahthaar-Terrier müssen zweimal im Jahr getrimmt* werden.
Kraft	für seine Größe überraschend stark, schnell und ausdauernd;
Eigenschaften	freundlich, furchtlos, neugierig, lernt schnell: ein Hund für die Leine, guter Wächter; sehr lebhaft, temperamentvoll, verspielt, läuft gern und viel; braucht viel Beschäftigung, Abwechslung und Aufmerksamkeit; Erziehung ist wichtig, da er sich sonst zum Raufer entwickelt;
Lebenserwartung	13 bis 15 Jahre
Ursprungsland	England
Preis	ab 200 Euro aufwärts
Kosten pro Tag	3 Euro bis 5 Euro

* „trimmen“: Die abgestorbenen Haare werden ausgezupft, damit die neuen Haare schnell nachwachsen. Das Auszupfen tut dem Hund nicht weh.

Informationen über Hunderassen findet ihr in Tierbüchern, Lexika und im Internet: www.fox-terrier.de www.haustier-welt.de www.tierfreund.de/junior

Pinka bekommt Junge

Gina Ruck-Pauquèt erzählt in ihrem Buch „Eine Hand voll Katze“, wie es war, als ihre Katze Pinka Junge bekommen hat.

Pinka wurde trächtig. Als 63 Tage vergangen waren, bekam sie Katzenkinder.
Eines von ihnen ist Nasi. Nasi ist noch ganz nass.
Im Mutterleib ist Nasi durch die Nabelschnur ernährt worden. Jetzt beißt Pinka die Nabelschnur durch.
Bald wird das Kätzchen bei ihr trinken.

Mit ihrer rauen Zunge leckt Pinka Nasi trocken.

Nasi wiegt 85 Gramm. In sechs Tagen soll sich ihr Gewicht verdoppelt haben. Wird sie einmal hübsch sein?
Ob sie zärtlich wird oder frech?

In der ersten Zeit ihres Lebens tun die kleinen Katzen nichts anderes als schlafen und trinken. Die Mutter beschützt ihre Kinder. Eine fremde Katze könnte kommen oder ein Hund. Aber wenn Pinka aufpasst, kann nichts Böses geschehen.

Zauberkatze

Meine Katze ist verzaubert,
das weiß ich genau.
In Wirklichkeit ist sie eine Zauberfrau.

Wenn sie wollte,
könnte sie durch den Schornstein gleiten
und als Hexe auf einem Besen reiten!

Wenn sie wollte,
könnte sie sich zum Löwen machen!
Und sie könnte noch ganz andere Sachen,
wenn sie wollte!

Doch das fällt ihr gar nicht ein.
Warum?
Sie will meine Katze sein!

Martin Auer

Jeden Morgen
zieht die Katze
vor dem Spiegel
eine eztarF!

Jadan Margan
zaht da Katza
var dam Spagal
ana Fratza!

Je denmor Gen
zieh tdiek Atze
vord Emspie Gel
Ei Nefra Tze!

JEPEDEPEN MOPORGEPEN
ZIEPIEHT DIEPIE
KAPATZEPE
VOPOR DEPEM
SPIEPIEGEPEL
EIPEINEPE FRAPATZEPE!

Wenn ich ein Schwein hätte …

könnte ich ihm Witze erzählen,
bis wir vor Lachen umfielen.

Wir könnten Verstecken
und Erschrecken spielen. Buu!

Wir würden uns ein Haus bauen
und unsere Freunde einladen.

Wir würden mit Farbe kleckern
und Bilder voneinander malen.

An Schweins Geburtstag
würde ich ihm eine Torte backen.

Im Winter würden wir
ein Schneeschwein bauen.

Wir könnten in der Badewanne
bleiben, bis wir ganz schrumpelig
aussähen.

Abends würde ich ihm vorlesen
und es mit ins Bett nehmen.

Mick Inkpen

Miteinander leben

Großbritannien

mum, dad
[mam, däd]

Russland

мама, папа
[mama, papa]

Alle Kinder dieser Welt

Türkei

anne, baba

Alle Kinder dieser Welt
brauchen jemanden, der sie liebt.
Der ihre Hand in seiner hält,
der ihnen Essen, Kleidung gibt,
der abends in den Schlaf sie wiegt
und nachts ganz nah bei ihnen liegt.

Ägypten

umma, aba

Spanien

mamà, papà

Italien

mamma, babbo

Deutschland

Mama, Papa

Polen

mama, papa

Dänemark

mor, far

Alle Kinder dieser Welt
brauchen, so wie du, mein Kind,
einen, der zu ihnen hält –
rufen, wenn sie einsam sind:
„anne, mum, umma, mamà,
baba, dad, aba, papà!“.
Können nur dann richtig leben,
wenn andre ihnen Liebe geben.

Tschechische Republik

maminka, tatínek

Kroatien

mama, tata

Frankreich

maman, papa
[mamo, papa]

Stephanie, 8 Jahre

Stephanie lebt auf einem Dorf in der Nähe von Augsburg. Ihre Mutter ist Erzieherin in einem Kindergarten. Ihr Vater arbeitet als Mechaniker in einer Autofabrik. Stephanie geht um 7.30 Uhr zur Schule. Sie lernt gern und ganz selbstständig. Ihr Lieblingsfach ist Mathematik. Nach der Schule geht Stephanie zu ihrer Oma, die in der Nähe wohnt. Mit ihr zusammen isst sie zu Mittag und macht ihre Hausaufgaben. Gegen 17 Uhr kommt ihre Mutter und sie gehen beide heim. Dort warten ihre Katze Minka und ihr Wellensittich Hansi. Auch Stephanies Vater hat nun Feierabend. Die ganze Familie freut sich immer auf das Wochenende.

Thomas, 8 Jahre, und Sven, 9 Jahre

Thomas und Sven sind Brüder. Sie leben mit ihrer Mutter in Nürnberg. Dort gehen sie auch zur Schule. Jeder hat ein eigenes Zimmer. Thomas hört gern Rap-Musik aus seiner tollen Stereo-Anlage. Sven hat einen Computer bekommen. Manchmal darf ihn auch Thomas benützen.
Jedes zweite Wochenende besuchen Thomas und Sven ihren Vater in Passau. Mit ihm unternehmen sie oft Fahrrad-Touren bis nach Österreich.
In den letzten Sommerferien waren sie mit ihrem Vater in Sizilien. Seitdem haben sie auch italienische Freunde und können ein bisschen Italienisch. In den Herbstferien fahren sie zu ihrer Oma in die Fränkische Schweiz. Da ist Kartoffelernte mit einem riesigen Kartoffelfeuer.

Rosita, 8 Jahre

Sie gehört zu den Ureinwohnern Australiens, den Aborigines.
Rosita lebt mit Großmutter, Mutter und ihrem fünfjährigen Bruder Dion zusammen. Ihr Vater lebt in einem anderen Teil Australiens.
Bei den Aborigines ist es üblich, dass man sich um alle Kinder der Gemeinschaft kümmert, als würden sie zur eigenen Familie gehören.
Rosita nennt viele ihrer Freundinnen „Kusinen". Das Haus, in dem Rosita lebt, hat vier Räume. Rosita schläft mit ihrer Mutter, ihrer Großmutter und mit ihrem Bruder in einem Zimmer. Rositas Mutter kocht im Freien mit Holz. In der Zwischenzeit deckt Rosita den Tisch.

Olja, 8 Jahre

Olja lebt in einem Vorort von Moskau, der russischen Hauptstadt.
Oljas Vater arbeitet bei einer Bank, ihre Mutter ist Hausfrau. Am Abend helfen die Eltern Olja manchmal bei den Hausaufgaben.
An den Wochenenden spielen sie mit ihr „Dame".
Olja hilft ihrer Mutter oft im Haushalt. Staubsaugen mag sie am liebsten.
Olja lebt mit ihren Eltern und ihrer Schwester Dascha in einer Wohnung im dritten Stock eines Hochhauses. Olja und Dascha schlafen im selben Zimmer.
Wie die meisten Russen räumen sie ihr Bettzeug morgens weg, abends müssen sie ihr Bett wieder herrichten.

Pradeep, 7 Jahre

Pradeep lebt in einem Dorf am Meer in Indien.
Fünf Personen gehören zu Pradeeps Familie: Er, sein Vater Sekar, seine Mutter Shanti, die älteren Schwestern Santhya und Sarala.
Pradeeps Vater ist Fischer und das Haus, in dem sie wohnen, steht direkt am Strand.
Wenn Pradeeps Vater beim Fischen ist, kümmert sich seine Mutter um den Haushalt. Dabei hilft ihr Pradeep.
Pradeeps Familie teilt ihr Haus mit zwei anderen verwandten Familien.
Jede Familie hat eigene Räume.

Zungenbrecher aus aller Welt

England:
She sells sea shells down by the sea shore.

Schi sells si schells daun bei de si schoa.

Sie verkauft See-Muscheln am Meeresstrand.

Spanien:
Como pocos cocos como, pocos cocos compro.
Como pocos cocos compro, pocos cocos como.

Komo pokos kokos ...

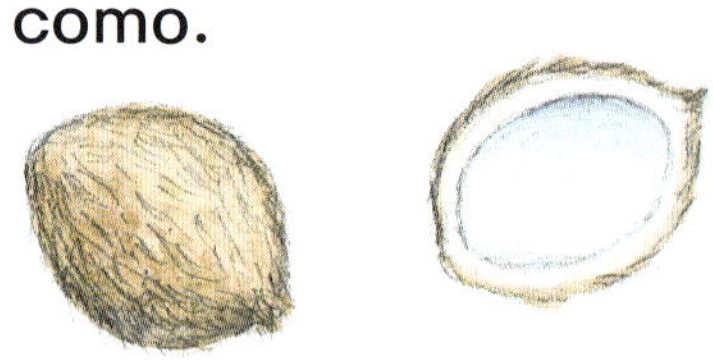

Weil ich wenig Kokosnüsse esse, kaufe ich wenig Kokosnüsse.
Weil ich wenig Kokosnüsse kaufe, esse ich wenig Kokosnüsse.

Japan:
青巻紙　赤巻紙　黄巻紙

Aomakigami akamakigami kimakigami.

Blaues Rollenpapier, rotes Rollenpapier, gelbes Rollenpapier.

Italien:
Sotto le frasche del capanno
quattro gatti grossi stanno,
sotto quattro grossi sassi,
quattro gatti grossi e grassi.

frasche = fraske
capanno = kapanno
quattro = kwatro

Unter den Zweigen des Unterstands
sitzen vier dicke Kater beinand;
unter vier großen Felsenbrocken,
vier dicke fette Kater hocken.

Auf dem Spielplatz

Die Kinder schaukeln auf der Wippe.
Uwe sitzt im Rollstuhl und schaut zu.
Anne soll auf ihn achten,
bis Uwes Mutter wieder da ist.
Anne schaukelt mit Ina.
Uwe schaut zu.
Jan schaukelt mit Ina.
Uwe schaut zu.
Uli schaukelt mit Anne.
Uwe schaut zu.
Da hat Anne eine Idee.
Auf einer Bank sitzen ein paar Mädchen und Jungen.
Anne läuft hin.
„Uwe will mal schaukeln“, sagt sie und zeigt
auf den Rollstuhl.
Die Kinder sehen sich an.
Ein Junge nickt.
„Das wird sich machen lassen“, sagt er.

Anna Apelt

Hilfst du zu Hause mit?

Tamara, 7 Jahre:
„Wenn die Mama es will, helfe ich ihr. Ich tu es aber nicht so gern. Viel lieber spiele ich mit meinen Freunden.“

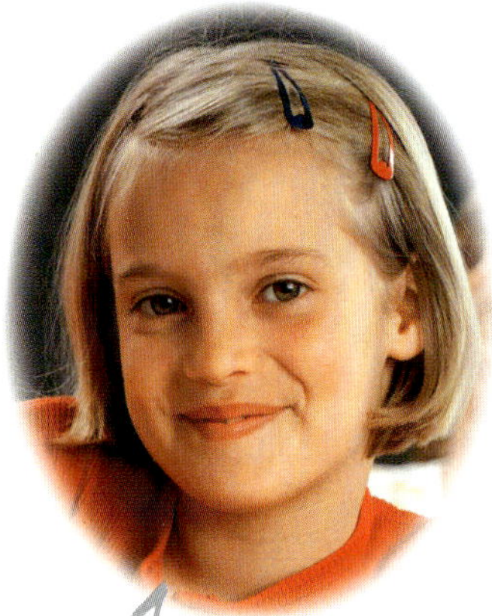

Markus, 8 Jahre:
„Ich helfe nur meiner Oma. Die ist schon älter und sitzt im Rollstuhl. Ich räume die Spülmaschine ein oder arbeite im Garten.“

Rebecca, 10 Jahre:
„Klar helfe ich! Bei uns in der Familie hat jeder bestimmte Aufgaben. Ist doch selbstverständlich! Am liebsten decke ich den Tisch. Für das Altpapier bin ich auch zuständig.“

Stephan, 8 Jahre:
„Wir haben eine Katze. Für die bin ich verantwortlich. Ich spüle den Fressnapf von Minka und mache das Katzenklo sauber.“

Sandra, 9 Jahre:
„Ich muss meiner Mama oft helfen, zum Beispiel Staub saugen oder den Müll rausbringen. Oft gieße ich auch die Pflanzen. Manchmal macht es sogar Spaß.“

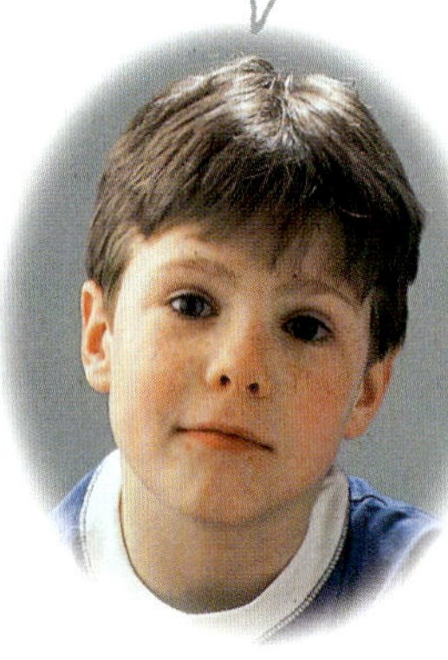

Milena, 8 Jahre:
„Mir macht es Spaß zu helfen. Dafür hat Mama dann mehr Zeit für mich.“

Mika, 6 Jahre:
„Ich hasse Aufräumen. Das ist total langweilig. Meistens kann ich mich davor drücken. Ich beschäftige mich lieber mit dem Computer.“

Alle Fotos: IFA-Bilderteam

Alle sind zufrieden mit mir

Die Mama ist zufrieden mit mir,
wenn ich im Haushalt helfe.

Der Papa ist zufrieden mit mir,
wenn ich gute Beurteilungen
habe.

Der große Bruder ist zufrieden mit mir,
wenn ich ihm von meinem
Taschengeld etwas abgebe.

Die kleine Schwester ist zufrieden mit mir,
wenn ich ihre Rechenhausübung
mache.

Die Oma ist zufrieden mit mir,
wenn ich nicht fernschaue und
nicht Radio höre.

Wahrscheinlich ist es sehr ungerecht von mir,
wenn **ich** mit ihnen allen **nicht** zufrieden bin.

Christine Nöstlinger

Bunte Bilder

„Kommt überhaupt nicht infrage! Um diese Zeit wird nicht mehr ferngesehen!" Die Mama schüttelt energisch den Kopf. „Aber alle anderen Kinder in der Klasse dürfen die Serie sehen. Nur ich nicht!", versucht Ulli es noch einmal. „Es ist mir egal, was die anderen Kinder dürfen. Du gehst jedenfalls schlafen", antwortet die Mama. „Morgen Früh kommst du wieder nicht aus dem Bett!"

Ulli ist sauer. Es ist ungerecht! Alle werden Bescheid wissen. Nur er kann in der Pause wieder nicht mitreden. Wie immer. Auslachen werden sie ihn!

„Wie wäre es, wenn ich dir nachher etwas vorlese?", schlägt der Papa vor. „Vorlesen ist doof!", mault Ulli. „Ach, und warum ist vorlesen doof?", will der Papa wissen. „Weil man da nur zuhören kann. Man sieht nichts. Das ist mopslangweilig. Beim Fernsehen sieht man bunte Bilder. **Das** ist spannend!" „Dann soll ich dir also nichts vorlesen?" „Doch!", erwidert Ulli schnell, denn vorlesen ist immer noch besser als gar nichts. „Na schön", antwortet der Papa. „Wenn du im Bad fertig bist, komme ich zu dir!"

Auf den Papa ist Verlass. Wenig später sitzt er bei Ulli auf der Bettkante. Er hat ein dickes Buch mitgebracht. „Sind da bunte Bilder drin?“, fragt Ulli. „Nein“, antwortet der Papa. „Aber weißt du was? Ich habe eine Idee!“ „Ja …?“ Ulli ist nicht begeistert. Ein Buch ohne Bilder ist wie ein Eisbecher ohne Sahne! „Pass auf!“, sagt der Papa. „Während ich vorlese, schließt du die Augen. Mach sie einfach zu, und ich wette, dann siehst du viele bunte Bilder!“ „Okay!“ Soll der Papa ruhig glauben, dass er auf so etwas hereinfällt! Ulli angelt sich seinen Bären, kuschelt sich in die Decke und kneift die Augen fest zu.

Die Piraten fallen zurück und sind bald nicht mehr zu sehen. Der Dreimaster ist gerettet. Die Mannschaft jubelt. Der kleine Schiffsjunge im Ausguck lacht und winkt Ulli fröhlich zu. Er winkt noch immer, als der Papa schon längst aufgehört hat zu lesen.

Vorsichtig klappt der Papa das Buch zu, streicht Ullis Decke glatt, macht das Licht aus und geht auf Zehenspitzen leise hinaus.

Katharina Kühl

Ab ins Bett!

Kinder dürfen nie was.
Und Erwachsene dürfen alles.
Vor allem dürfen sie abends
viel länger aufbleiben.
Die Eltern von Philip und Tanja
sind da genauso.
Jeden Abend heißt es:
„Und jetzt aber ab ins Bett!"

Dabei sind Philip und Tanja
meistens gar nicht müde.
„Mir reicht's!", sagt Tanja.
„Ich mach da nicht mehr mit!"

Sie hat Mamas großen Federhut
auf den Kopf gesetzt.
„Was hast du vor?", fragt Philip.
Aber Tanja sagt nichts.
Sie hängt ihm einfach
eine von Papas Krawatten
um den Hals.

Dann zieht sie Mamas Blumenkleid
und die Stöckelschuhe an
und setzt die Sonnenbrille auf.

Philip hat endlich verstanden.
Unauffällig verschwindet er
in Papas Kleiderschrank.
Als er wieder herauskommt,
sieht er fast aus
wie ein richtiger Vater.
„Madame, ich bin bereit",
sagt er zu Tanja.
Sie hakt ihren Arm in seinen.
So schreiten sie
zum Wohnzimmer.

Dort sitzen Mama und Papa
und gucken Nachrichten.
Als Tanja und Philip reinkommen,
sind sie fassungslos.

„Seid ihr verrückt
geworden?“, ruft Papa.
Und Mama schreit: „Mein Hut!“
Philip und Tanja sagen nur eins:
„Jetzt aber ab ins Bett!“

Und sie sind sehr streng dabei.
Mama und Papa
maulen ein bisschen.
Aber dann machen sie
den Fernseher aus
und gehen ins Bett.

Später gucken Tanja
und Philip nach,
ob sie das Licht
ausgemacht haben.
Mama und Papa
liegen brav im Bett.

Tanja und Philip
stehen in ihren Kostümen
vor ihnen.
Das sieht so komisch aus,
dass alle vier lachen müssen.

Milena Baisch

Rund um die Schule

Giuseppe Maria Crespi:
Regale mit Büchern der
Musikgeschichte

Ich kann lesen

Hallo, Bücher!
Was habt ihr für mich?

Ihr bleibt stumm?
Macht nichts.
Ich bringe heraus,
was ihr erzählen könnt:
Ich kann lesen!

Ich weiß doch,
ihr wollt gelesen werden.
Und mir machts Spaß.

Vielleicht
werden wir sogar
Freunde.

Siegfried Buck

Freunde
Eine Geschichte zum Zusammensetzen

Schließlich wurde es wieder gesund,
und die Kinder der Nachbarschaft
durften es wieder besuchen,
und sie brachten Geschenke und fragten:
„War es nicht schrecklich, so allein?"

Es war einmal ein Kind, das war lange krank,
und da seine Krankheit ansteckend war,
durfte niemand es besuchen.
Natürlich war das Kind sehr traurig.

„Aber ich war doch gar nicht allein!",
sagte das Kind.
„Tom Sawyer war bei mir und Huckleberry Finn
und Tim Thaler und Pippi Langstrumpf
und Pinocchio und Pünktchen und Anton
und all die anderen alten Freunde!"

Und die Kinder der Nachbarschaft,
die kaum ein Buch kannten,
sperrten verwundert Mund und Nase auf
und fragten eifersüchtig:
„Aber wo sind die denn geblieben,
deine guten alten Freunde?"

„Da!", sagte das Kind und lachte
und zeigte auf das Bücherbrett an der Wand.

Doch als es sich eine Weile
in seinem Zimmer umgesehen hatte,
verschwand seine Traurigkeit
und es langweilte sich auch nicht mehr.

Martin Ripkens / Hans Stempel

Eine Schultasche voller Fragen

Wer hat wohl
das Lineal
erfunden?
Wer
den Bleistift,
den Radiergummi,
den Hefteinband,
den Füller?
Wer
die Tintenpatronen,
die Kreide
und
die Schultafel?

Waren das
Lehrer oder Schüler?
Wurden sie
reich dabei?
Berühmt
sicher nicht.
Oder gab es
einmal
einen Herrn oder Frau
Kreide?
(Ich kenne zufällig einen
mit diesem Namen.
Er sagt, er war es nicht.)

Ingrid Huber

Vorsicht!

Die Schule ist aus. Es regnet.
Opa steht vor der Klasse.
Mit einem großen Regenschirm.
„Du hast aber einen netten Opa", sagt Frau Krüger.
Peter schüttelt den Kopf.
„Das ist kein netter Opa.
Das ist ein stinke-doofer Opa", sagt er.
Er zieht den Opa beiseite und flüstert ihm ins Ohr:
„Bei der müssen wir vorsichtig sein.
Mein Zwergenbild hat ihr auch so gut gefallen.
Und dann hat sie gebettelt und gebettelt.
Bis ich es ihr schenken musste."

Frauke Nahrgang

Krokodil

Peter soll seine Aufgaben aus dem Ranzen holen.
„Das geht nicht. In meinem Ranzen ist ein Krokodil", sagt er.
Frau Krüger ärgert sich.
Frau Krüger ist Peters Lehrerin.
Peter soll nicht lügen.
Frau Krüger macht den Ranzen auf.
„Au!", schreit sie.
Sie klebt ein Pflaster auf den Daumen.
Die Aufgaben will sie lieber nicht mehr sehen.

Frauke Nahrgang

Möchtest du noch mehr Geschichten
über Peter lesen?
Du findest sie in diesem Buch
von Frauke Nahrgang.

Bist du ein richtiger Junge?

Kannst du lachen und singen?
Und mit den andern im Kreis herumspringen?
Kannst du das Baby wiegen?
Und manchmal das Heulen kriegen?
Dann bist du okay.

Oder tust du kalt und stolz,
als wärst du aus Holz?
Bist du ein Angeber und Gernegroß?
Dann ist nichts mit dir los.
O jeh!

Bist du ein richtiges Mädchen?

Kannst du klettern auf 'nen Baum
und die schönsten Kirschen klaun?
Und durch eiskaltes Wasser waten?
Und, wenns drauf ankommt, keinen verraten?
Dann bist du okay.

Oder bist du feige und zimperlich?
Eingebildet und pingelig?
Und rennst vor jeder Maus zur Tür?
Dann wird nie 'ne richtige Frau aus dir.
O weh!

Ilse van Heyst

Träumerei

Enrico hat in der Schule den Wettlauf
über 50 Meter gewonnen.
Darauf ist er ziemlich stolz.
Er setzt seinen Helm auf
und radelt nach Hause.
Gut gelaunt fährt er
den Radweg entlang.
Vielleicht wird er später
mal Weltmeister im Wettlauf.
Oder auch Olympiasieger.

Enrico stellt sich vor,
wie ihm die Zuschauer
im vollen Stadion
Beifall klatschen.

Die Ampel vor ihm ist noch rot.
Gleich wird sie grün.
Das weiß Enrico.
Er fährt fast jeden Tag hier entlang.

Enrico schaut nach links.
Auf der Straße neben ihm
fährt ein Auto mit offenem Verdeck.
Der Fahrer telefoniert
mit einem Handy.
Der Fahrer will rechts abbiegen
und setzt den Blinker.
Auch für das Auto
springt die Ampel auf Grün.

Das Auto biegt ab.
Enrico sieht, dass der Autofahrer
nicht auf ihn achtet.
Obwohl Enrico Grün hat,
hält er mit seinem Fahrrad an.
„He, ich hab Vorfahrt!“, brüllt er
und klingelt wie wild.

Wie gut, dass Enrico aufgepasst hat.
Er weiß eben, wann er schnell sein muss
und wann nicht.

auf dem obersten Treppchen.
als Olymiasieger
tatsächlich einmal
steht er ja
Vielleicht

Text: Werner Färber
Bild: Detlef Kersten

Trau dich!

Das Licht ist rot und Paul, der wartet,
doch Rita neben ihm, die startet,
und drüben lacht und ruft sie laut
zu Paul, der still noch steht und schaut:
„Mensch Paul, so hab doch endlich Mut!
Etwas wagen, das tut gut!“

Reiner zieht heut – ungelogen –
knapp vor dem Auto einen Bogen
und winkt ganz stolz zu Paul zurück,
der stehen blieb (es war sein Glück)!
„Mensch Paul, so hab doch endlich Mut!
Etwas wagen, das tut gut!“

Auf dem Gehsteig um die Wette
rasen Max und die Anette,
spotten, dass es so was gibt
wie Paule, der sein Rad hier schiebt.
„Mensch Paul, so hab doch endlich Mut!
Etwas wagen, das tut gut!“

Auf Straßen, Wegen, überall,
spielen Ralf und Werner Ball.
Der Paul, der schüttelt nur den Kopf.
Was bist du für ein armer Tropf.
„Mensch Paul, so hab doch endlich Mut!
Etwas wagen, das tut gut!“

Am Gehsteigrand stehen Paul und Kai.
Autos fahren schnell vorbei.
„Komm, rase los, wir schaffens doch!“
Doch Paul rast nicht, er wartet noch.
„Mensch Paul, so hab doch endlich Mut!
Etwas wagen, das tut gut!“

Jeden Tag kannst du erfahren:
Ein Kind verunglückt, angefahren.
Mit dem schönsten Spiel ists aus,
endet es im Krankenhaus.
Sich richtig verhalten, **das** braucht Mut,
gesund zu bleiben, das tut gut!

Heinrich Röbe

Tipps für Radfahr-Profis

Im Straßenverkehr müssen Radfahrer viele Dinge gleichzeitig beherrschen:

den Verkehr beobachten,

die Spur genau einhalten,

auf Fußgänger und Skater achten,

die Verkehrszeichen kennen …

… und vieles mehr.

Das ist ganz schön schwierig, aber man kann es lernen. Voraussetzung ist jedoch, dass man sein Fahrrad sicher beherrscht.

Fußweg
Alle Fußgänger müssen diesen Weg benutzen. In Deutschland müssen Kinder, die jünger als acht Jahre sind, auf dem Fußweg radeln.

Gemeinsamer Fuß- und Radweg
Fußgänger und Radfahrer benutzen diesen Weg gemeinsam. Radfahrer müssen auf Fußgänger Rücksicht nehmen.

Getrennter Rad- und Fußweg
Radler fahren auf der einen, Fußgänger gehen auf der anderen Seite.

Einbahnstraße
Hier darf man nur in Pfeilrichtung fahren.

Halt! Vorfahrt gewähren!
Hier musst du auf jeden Fall anhalten, auch wenn gerade kein anderes Fahrzeug kommt!

Fahrrad-Parcours

Die Kinder einer zweiten Klasse haben für einen Geschicklichkeits-Parcours Ideen gesammelt:

Baut selbst einen Geschicklichkeits-Parcours auf eurem Schulhof auf!
Erfindet neue Übungen!

Verbot für Radfahrer
Radfahrer dürfen hier nicht fahren.

Radweg
Hier gibts einen Extraweg für Radfahrer. Du musst ihn mit deinem Fahrrad benutzen.

Vorfahrtstraße
Auf dieser Straße hast du Vorfahrt. Die anderen Fahrzeuge müssen warten, bis du vorbeigefahren bist.

Vorfahrt gewähren!
Du musst erst die anderen Fahrzeuge vorbeilassen.

Verkehrsberuhigter Bereich
Hier dürfen Kinder auf der Straße spielen und Fußgänger können die ganze Straße benutzen. Alle müssen langsam fahren, auch Radfahrer.

Märchen und fantastische Geschichten

Wassily Kandinsky: Himmelblau, 1940

IM LANDE DER RIESEN

So geht es im Lande der Riesen:
da nähen die Schneider mit Spießen,
da stricken die Mädchen mit Stangen,
da füttert man Vögel mit Schlangen,
da malen mit Besen die Maler,
da macht man wie Kuchen die Taler,
da schießt man die Mücke mit Pfeilen,
da webt man die Leinwand aus Seilen.

IM LANDE DER ZWERGE

So ist es im Lande der Zwerge:
Ameisenhaufen sind die Berge,
das Sandkorn ist ein Felsenstück,
der Seidenfaden ist ein Strick,
die Nadel ist da eine Stange,
ein Würmlein ist da eine Schlange,
als Elefant gilt da die Maus,
der Fingerhut ist da ein Haus,
die Fenster sind wie Nadelöhre,
ein Glas voll Wasser wird zum Meere,
der dickste Mann ist dünn wie Haar,
der Augenblick ist da ein Jahr.

Volksgut

Die Sterntaler

Es war einmal ein kleines Mädchen, dem waren Vater und Mutter gestorben, und es war so arm, dass es kein Kämmerchen mehr hatte, darin zu wohnen, und kein Bettchen mehr, darin zu schlafen, und endlich gar nichts mehr als die Kleider auf dem Leib und ein Stückchen Brot in der Hand, das ihm ein mitleidiges Herz geschenkt hatte. Es war aber gut und fromm. Und weil es so von aller Welt verlassen war, ging es im Vertrauen auf den lieben Gott hinaus ins Feld. Da begegnete ihm ein armer Mann, der sprach: „Ach, gib mir etwas zu essen, ich bin so hungrig.“ Es reichte ihm das ganze Stückchen Brot und sagte: „Gott segne dir’s“, und ging weiter. Da kam ein Kind, das jammerte und sprach: „Es friert mich so an meinem Kopf, schenk mir etwas, womit ich ihn bedecken kann.“ Da tat es seine Mütze ab und gab sie ihm.

Und als es noch eine Weile gegangen war, kam wieder ein Kind und hatte kein Leibchen an und fror. Da gab es ihm seins. Und noch weiter, da bat eins um ein Röcklein, das gab es auch von sich hin. Endlich gelangte es in einen Wald und es war schon dunkel geworden. Da kam noch eins und bat um ein Hemdlein und das fromme Mädchen dachte: Es ist dunkle Nacht, da sieht dich niemand, du kannst wohl dein Hemd weggeben. Und es zog das Hemd ab und gab es auch noch hin. Und wie es so stand und gar nichts mehr hatte, fielen auf einmal die Sterne vom Himmel und wurden lauter harte, blanke Taler. Und ob es gleich sein Hemd weggegeben, so hatte es ein neues an, und das war vom allerfeinsten Linnen. Da sammelte es sich Taler hinein und war reich für sein Lebtag.

Brüder Grimm

Vom Sternenkind

Abends, wenn die Kinder auf der Erde schlafen gehen, wird das Sternenkind wach. Es reckt sich und streckt sich, dass seine Hängematte zwischen den Sternenspitzen schwankt. Nachdem es dreimal gegähnt hat, schwingt es sich auf die Beine und macht erst einmal zwölf Kniebeugen und zehn Hampelmänner zum Warmwerden.

Da es auf seinem Stern kein Wasser gibt, nimmt das Sternenkind rasch ein Sandbad und schrubbt sich tüchtig ab, bis es am ganzen Körper wie frisch geputztes Silber schimmert. Schließlich kämmt es seine Haare, dass die Sternschnuppen nur so in die Nacht hinauszischen, und wirft seinen Umhang aus Milchstraßensternen um. Im Weltall ist es nämlich ziemlich kalt.

Zum Frühstück gibt es Astronautenfutter, das der Mondmann aus einer Mondrakete stibitzt hat, und natürlich einen großen Schluck köstlich frischer Milchstraßenmilch. „Hm!“, sagt das Sternenkind. „Lecker!“ Und dann springt es endlich zum Spielen in die Nacht hinaus.

Zuerst bläst es ein wenig auf der Sternenflöte, sodass das ganze Weltall klingt. Erst wenn auch die Sterne mitsingen und zu schunkeln beginnen und der Mann im Mond laut „Ruhe!“ brüllt, hört das Sternenkind auf. Aber nicht, weil der Mondmann gebrüllt hat. O nein, so ängstlich ist das Sternenkind nicht. Es hört auf, weil es jetzt lieber Weitwurf mit Mondgesteinen üben und anschließend auf einem Kometen reiten will.

Kometenreiten ist herrlich, findet das Sternenkind. Und je wilder und feuriger ein Komet ist, desto schöner. Ganz gleich, ob er bockt oder springt oder zischt oder Feuer spuckt, das Sternenkind klammert sich einfach mit den Händen und Beinen fest und jauchzt vor Vergnügen, dass die Mondberge wackeln.

Neulich hat es mit seinem Sternenlasso nur knapp einen Kometen verfehlt, der alle hundert Jahre einmal ganz nah an der Erde vorbeisaust. Wäre das Lasso eine halbe Sternenlänge länger gewesen, hätte das Sternenkind es geschafft.

Dann hätte es sich auf dem Kometen ganz nah an deinem Fenster vorbeigeschwungen und dir aus funkelnden, glitzernden Augen direkt ins Gesicht geschaut. Und vielleicht hätte es dir sogar eine Hand voll Sternenstaub geschenkt. Wie Regen hätte das Sternenkind ihn auf dich herunterrieseln lassen: golden oder seifenblasenbunt, eine herrliche Traumnacht lang. Ihr wärt in den Wolken Trampolin gesprungen, hättet das Mondkalb ein wenig geneckt und den grünen Anzug eines Marsmenschen versteckt. Und erst mit dem dritten Hahnenschrei wäre der Schabernack vorbei gewesen. Doch leider war das Lasso zu kurz, mit dem das Sternenkind sich Kometen fängt, und die Sache ging schief.

Ein Viertelstündchen war das Sternenkind traurig. Es schmollte und warf Sand auf die Erde, der dort mitten im Sommer als Graupelschauer und Hagel ankam. Doch gleich lachte das Sternenkind wieder, denn Streiche spielte es für sein Leben gern. „Huhu, hallo!“, rief es in den Weltraum hinaus und stellte sich vor, dass du es hörst. „In hundert Jahren probiere ich es wieder. Hundert Jahre sind schnell vorbei.“ Dann legte es sich müde in seiner Hängematte zwischen den Sternen schlafen. Soeben ging nämlich die Sonne auf.

Karin Jäckel

Wie war das gleich mit dem Rotkäppchen?

„Es war einmal ein kleines Mädchen, das hieß Gelbkäppchen.“

„Nein! Rotkäppchen!“

„Ach ja, natürlich Rotkäppchen. Also, eines Tages rief die Mutter nach ihr und sagte: ‚Grünkäppchen …‘ “

„Rot!“

„Entschuldigung! Rot. Also sie sagte: ‚Kind, geh zur Tante Marie und bringe ihr Kartoffeln.‘ “

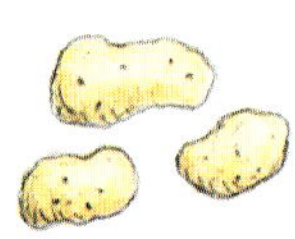

„Halt! So geht das nicht! Es muss heißen: ‚Geh zur Großmutter und bringe ihr diesen Kuchen.‘ “

„Stimmt. Das kleine Mädchen machte sich also auf den Weg. Im Wald traf es eine Giraffe.“

„Du bringst auch alles durcheinander! Es traf einen Wolf.“

„Und der Wolf fragte das kleine Mädchen: ‚Wie viel ist zwei und zwei?‘ “

„Aber nein. Der Wolf wollte wissen, wo sie hinging.“

„Ja, das tat er und Schwarzkäppchen meinte …“

„Rot! Rot!! Rot!!!“

„Sie antwortete: ‚Ich gehe zum Markt Tomaten kaufen.‘ “

„Nein, das sagte das kleine Mädchen nicht. Es sagte: ‚Ich gehe zu meiner kranken Großmutter, aber ich habe mich verirrt.‘ “

„Natürlich, so war es! Und das Pferd antwortete: ‚…‘ “

„Was für ein Pferd? Es war ein Wolf.“

„Richtig. Und der sagte: ‚Nimm die Linie 75! Steig am Marktplatz aus und geh rechts um die Ecke! Am ersten Haus findest du einen Euro. Nimm das Eurostück und kauf dir ein Päckchen Kaugummi dafür!‘ “

„Großvater, du kannst einfach keine Märchen erzählen. Du bringst alles durcheinander. Aber gegen ein Päckchen Kaugummi hätte ich auch nichts einzuwenden.“

„Gut. Hier hast du einen Euro.“
Und dann las Großvater weiter in seiner Zeitung.

Gianni Rodari

Ein Kanarienvogelfederbaum

Einmal zog Schnuddel seine tolle Latzhose an, nahm einen Eimer, eine kleine Schaufel, eine große grüne Gießkanne und Mutters langen Rechen und ging zum Gärtner Bockelmann, denn er wollte ein Gärtner werden. „Tag, Mister Bockelmann“, sagte Schnuddel, „ich möchte ein Gärtner werden. Ist das leicht?“

„Ganz leicht“, sagte Gärtner Bockelmann, mit dem ollen Strohhut, „ich nehme einen Apfelkern, grabe mit der Schaufel ein kleines Loch in die Erde und pflanze ihn ein. Ich begieße ihn mit Wasser und lasse ihn wachsen. Und was wird daraus im Herbst?“ „Weiß nicht“, sagte Schnuddel. „Ein Apfelbaum“, sagte Mister Bockelmann.

„Und ich nehme einen Pflaumenkern, grabe ein kleines Loch in die Erde, pflanze ihn ein, und was wird daraus im Herbst?“ „Apfelbaum“, sagte Schnuddel. „Falsch“, sagte Gärtner Bockelmann. „Pflaumenbaum.“ „Aha“, rief Schnuddel, „alles klar. Wie vorher, so nachher, habe genau verstanden.“

„Ich nehme einen Sonnenblumenkern“, sagte Mister Bockelmann, „pflanze ihn in die Erde, begieße ihn mit Wasser. Und was wird daraus im Herbst?“ „Ein Dings“, rief Schnuddel, „weiß schon: ein Dingsbums ...“ „Richtig“, sagte Mister Bockelmann, „haargenau richtig. So leicht ist das.“

Da nahm Schnuddel die Schaufel, grub ein kleines Loch in die Erde, pflanzte eine Kanarienvogelfeder hinein, begoss sie mit Wasser und sagte: „Kanarienvogelfederbaum.“ Dann nahm er einen Gummibären, grub mit der Schaufel ein kleines Loch in die Erde, begoss alles mit Wasser und sagte: „Gummibärenbaum.“

Und dann nahm er einen Hosenknopf von Schnuddelvaters guter Hose. Grub ein kleines Loch in die Erde, begrub den Knopf und begoss alles mit Wasser. „Da wächst ein Schnuddelvaterbaum“, sagte Schnuddel, „im Herbst wächst ein Schnuddelvater dran, und ich habe zwei. Besser zwei als keinen.“

Er kam jeden Tag wieder, begoss den kleinen Garten mit Wasser und rechte die kleinen Steine und Stäubchen mit dem Rechen fort. Wer kann sich denken, was dann geschah? Na? Jawohl, genau richtig: Eines Tages wuchs beim Gummibärenbaum eine kleine Pflanze mit runden Blättern. Beim Kanarienvogelfederbaum eine mit länglichen Blättern. Und beim Schnuddelvaterbaum eine mit langen Halmen.

Jetzt lag Schnuddel jeden Tag etliche Stunden im Garten und wartete. Und als der Herbst kam, kam Schnuddel mit dem Schnuddelpferdchen, dem Schnuddelvater, dem Gärtner Bockelmann und dem Kanari zu seinem Garten und sagte:

„Hier seht ihr einen Kanarienvogelfederbaum …“ „… einen Grashalm“, sagte Gärtner Bockelmann, „und da sehen wir Brennnesseln und da Vogelmiere. Unkraut“, sagte Gärtnermeister Bockelmann.

Ja, was haben wir da gelacht.

Text/Bild: Janosch

Manuel sucht Didi. Er findet ihn an einer Böschung. Didi liest in einem großen Buch. „Ist es spannend?“, fragt Manuel.

„Todlangweilig“, sagt Didi. „Fast wäre ich eingeschlafen.“ „Weißt du was!“, ruft Manuel. „Wir falten Papierflugzeuge daraus!“

Didi reißt die Seiten aus dem Buch und Manuel faltet ein ganzes Geschwader von Papierfliegern.

Dann werfen sie die Flugzeuge in die Luft. Sie fliegen hervorragend. Das macht Spaß!

Es beginnt zu regnen. „Manuel, wir müssen schnell nach Hause laufen, sonst werden wir nass!“, ruft Didi.

Aber Manuel stellt die Buchdeckel auf wie ein Dach. „Siehst du, auch langweilige Bücher sind manchmal sehr nützlich!“, sagt er.

Text/Bild: Erwin Moser

Wasser macht Spaß

Niki de Saint Phalle/Jean Tinguely: Strawinsky-Brunnen in Paris

Der Strawinsky-Brunnen in Paris

besteht aus neun bunten Figuren von **Niki de Saint Phalle** und 16 von **Jean Tinguely**. Sie sprühen oder spritzen Wasser. Einige sind dabei unaufhörlich in Bewegung.
Die beiden Künstler haben den Figuren Namen gegeben. Sie heißen zum Beispiel: Die Liebe, Notenschlüssel, Herz, Leben, Elefant, Nachtigall, Schlange oder Feuervogel.
Aus dem goldenen Federkamm des **Feuervogels** steigt das Wasser hoch in die Luft.

Strawinsky-Brunnen in Paris (Ausschnitt): L'éléphant (Der Elefant)

Strawinsky-Brunnen in Paris (Ausschnitt): L'amour (Die Liebe)

Lippen spucken Wasser, ein kleiner bunter **Elefant** duscht sich mit seinem Rüssel. Eine **Schlange** dreht sich um sich selbst. Ein Wasserstrahl schießt ihr wie eine Zunge aus dem Maul, ein anderer kommt aus einer Maschine neben ihrem Schwanz.
Die Maschinen zischen und knattern.
Du schaust, du hörst – und du fühlst, denn wenn du nah genug herangehst, wirst du auch nass.
Dieser Brunnen ist ein Kunstwerk.

Der Regendrache Furio

Im Ozean wohnt irgendwo
der Regendrache Furio.
Er macht die kalten Regentage
und sorgt bei uns für Schnupfenplage.

Groß ist sein Kopf und dick sein Bauch,
und Riesenflügel hat er auch.
Mit denen kann er ganz wild flattern,
dann wird es kalt, dass Zähne klappern

Schlägt er sein Klappmaul auf und zu,
dann donnert es bei uns im Nu.
Und wenn er dann noch Feuer spuckt,
ein Blitz über den Himmel zuckt.

Wenn er den Schwanz mal mit Gewalt
so richtig in die Wellen knallt,
dann spritzt das Wasser hoch und weit,
bei uns macht sich jetzt Regen breit.

Er zischt durchs Wasser, taucht und prustet,
ein Donner rollt, wenn er mal hustet.
Und wenn er sich dann noch verschluckt,
aus seinem Maul er Nebel spuckt.

Ist Sonnenschein bei uns zu Hause,
schläft der Drache und macht Pause.
Drum, scheint die Sonne auf dein Dach,
bleib still: sonst wird der Drache wach!

Text: KNISTER
Bild: Sabine Lohf

Wasser des Lebens – ein Spiel zum Weiterspielen

Die Bühne. Vielleicht eine Wiese mit Bach.
Wer könnte mitspielen?

Vielleicht jemand, der Puh heißt. Vielleicht einer, der als Klexer bekannt ist.

Puh:	Ich spiele den Wassergeist.
Klexer:	Und ich den Menschen, den Zweibeiner.
Puh, der Wassergeist:	Ich bin zornig. Ihr Menschen habt Flüsse und Meere verschmutzt. Werdet endlich klug! Ich zeige euch die Quelle, aus der das Wasser des Lebens kommt. Sie fließt nur noch dünn.
Klexer, der Zweibeiner:	Rette uns, mächtiger Wassergeist!
Puh, der Wassergeist:	Ich gebe euch einen Wunsch frei. Ihr könnt euch wünschen, was die Quelle euch geben soll.
Klexer, der Zweibeiner:	Alles, was wir wollen?
Puh, der Wassergeist:	Alles, aber ihr habt nur einen Wunsch.
Klexer, der Zweibeiner:	Aus der Quelle soll Geld fließen.
Puh, der Wassergeist:	Bedenkt es gut!
Klexer, der Zweibeiner:	Dann können wir uns kaufen, was wir wollen.

Aus der Quelle kam kein Wasser mehr.
Dafür floss Geld.

Und die Menschen? …

Bütow, Wilfried / Schütze, Barbara

Gespräch der Fische

Tausend Tropfen tupften auf den See von Tippeltappeltoppel,
auf den See von Tippeltappeltoppel tupften tausend Tropfen.

Das muss man hundertmal geschwind hintereinander sagen.
Denn so viel und so schnell regnete es auf den See von du-weißt-schon-wo.

„So ists recht!", sprach der Hecht.
Und alle anderen Fische im See waren genau der gleichen Meinung.

„Regnen soll es, regnen!"

„Den ganzen Tag und die ganze Nacht!"

„Bis der See überläuft!"

„Bis das Wasser in die Straßen von Tippeltappeltoppel rinnt!"

„Bis es in alle Häuser steigt!"

„Und in alle Geschäfte!"

„Und in die Schule!"

„Dann werden wir durch die Straßen schwimmen",
sagte der Barsch.

„Und durchs Fenster im Klassenzimmer!"

„Denn die Schule",
sagte der Karpfen,

„ist der lustigste Ort von der Welt. Sonst liefen die Kinder nicht alle Tage hinein!"

Und alle Fische freuten sich schon aufs Hochwasser. Und auf den Besuch in der Schule.

Doch was sagte da die Forelle?

„Es wird wieder helle!"

„Das ist mir gar nicht recht!", sprach der Hecht.

Josef Guggenmos

Der Sprung vom Dreimeterbrett

Bernie will eines Tages springen üben –
vom Dreimeterbrett ins Wasser.
Nun hat Bernie gerade kein
Schwimmbad in der Nähe und kein Wasser.
Es ist nämlich Schlafenszeit und seine
Mutter hat schon gute Nacht gesagt.

Bernie fühlt sein Bett an, ob es wohl
so weich wäre wie Wasser.
Dann betrachtet er den Kleiderschrank.
Der ist fast so hoch wie ein
Dreimeterbrett im Schwimmbad.
Und vom Kleiderschrank kann er
direkt in sein Bett springen.
Bernie holt einen Stuhl und steigt
auf die Kommode und von da aus
auf den Kleiderschrank.

Es ist nicht ganz einfach,
denn es kommt Bernie vor,
als ob der Schrank
ein bisschen wackelt.
Doch das vergisst Bernie,
als er von oben ins Wasser schaut.
Drei Meter sind sehr hoch.
Er hat Angst zu springen.

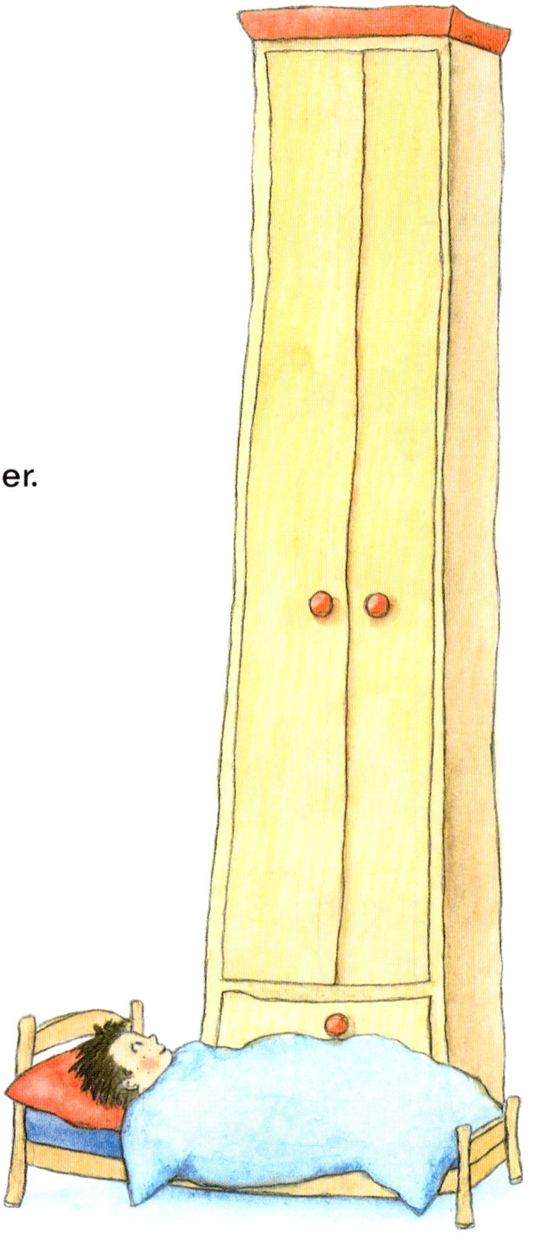

Endlich: Er macht die Augen zu und springt. Er springt in sein weiches Bett, das ächzt und stöhnt. Aber der Sprung ist wunderschön, noch schöner als ein Sprung ins Wasser, denn sein Bett federt und lässt ihn auf und ab wippen. Bernie kommt richtig in Schwung.

„Noch einmal!“, ruft er und klettert wieder auf den Stuhl, auf die Kommode und dann auf den Kleiderschrank. Diesmal ist er nicht bange, er springt mit dem Popo zuerst, rums, krach.

„Oh“, jammert Bernie. Sein Bett ist zusammengebrochen, die Tür geht auf, Mama steht im Zimmer und starrt Bernie an.

„Darf ich in deinem Bett schlafen, Mama? Meins ist zusammengekracht! Bitte, Mama, ich schlafe so gerne in deinem Bett.“ „Hast du deshalb dein Bett kaputt gemacht?“ „Das war doch keine Absicht, ich hab bloß Schwimmbad gespielt ...“

Irina Korschunow

Tim und Struppi: Rettung aus Seenot

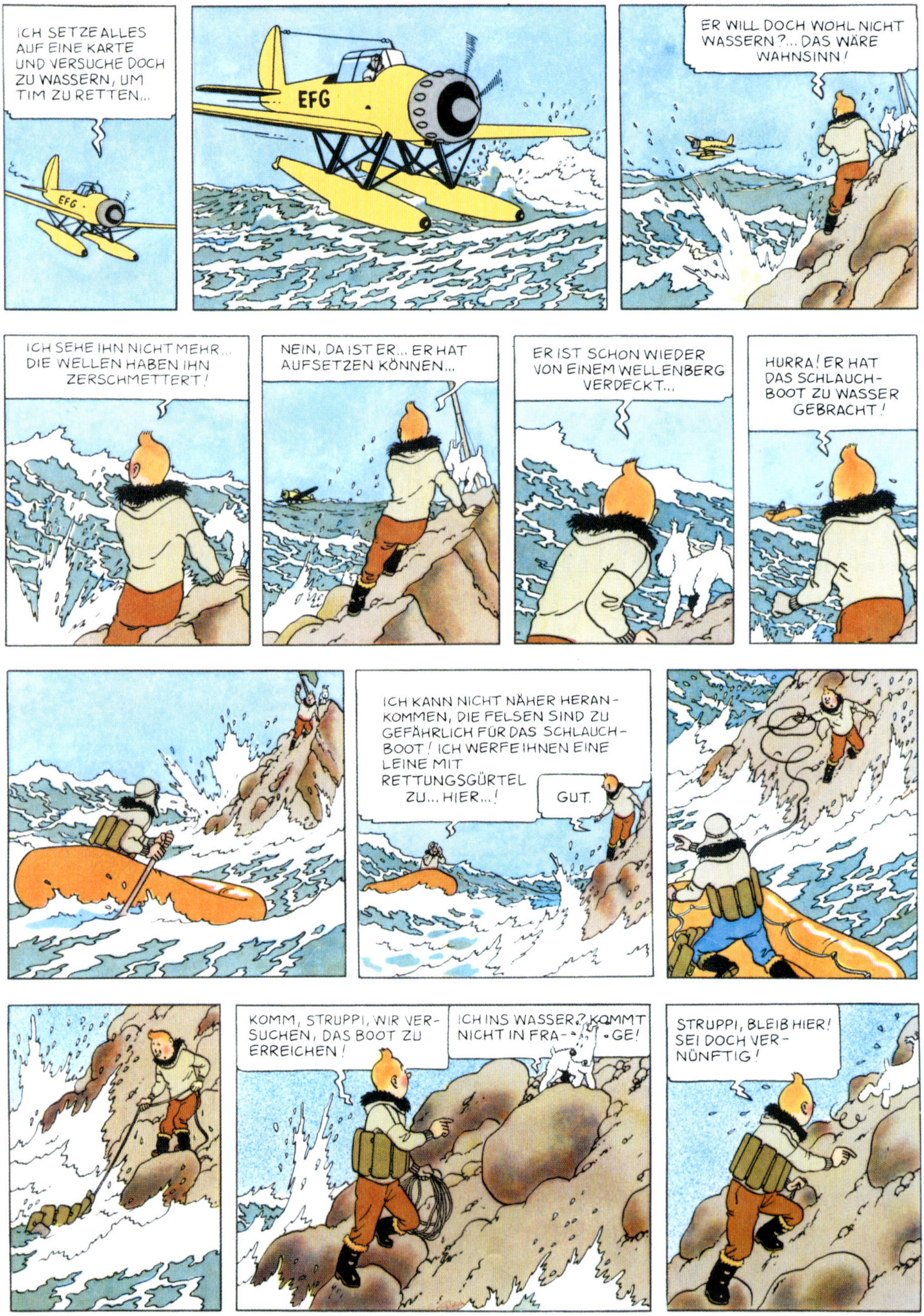

Text/Bild: Hergé

Katamaran

Ein Katamaran ist ein Segelboot mit zwei Rümpfen, das blitzschnell fahren kann. So ein Boot kannst du dir selbst basteln.

Du brauchst:
- 7 Korken
- 9 Zahnstocher
- einen hölzernen Schaschlikspieß
- eine Schere und Papier

1. Zuerst baust du den Rumpf:

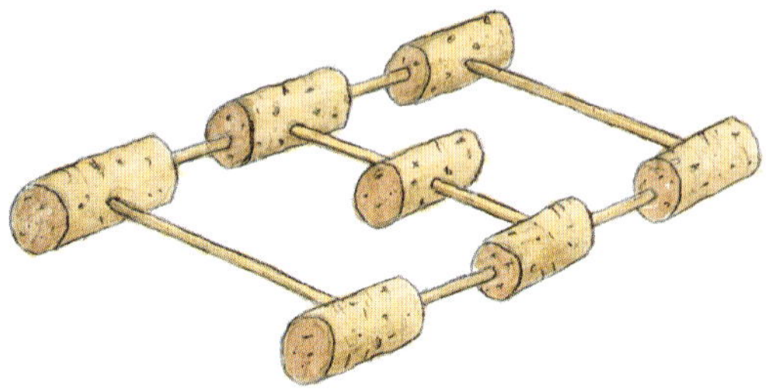

2. So sieht das Segel aus:

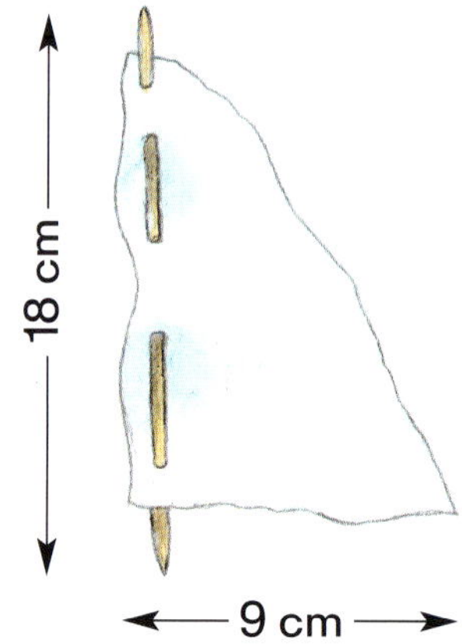

3. Nun fehlen nur noch die Ruderblätter:

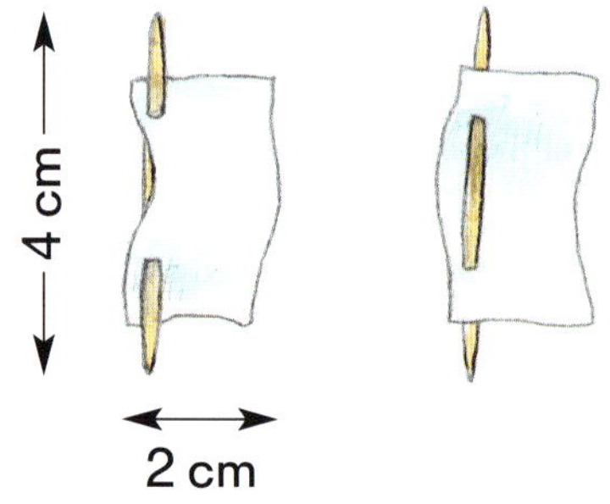

4. Stecke jetzt den Rumpf, die Segel und die Ruder vorsichtig zusammen:

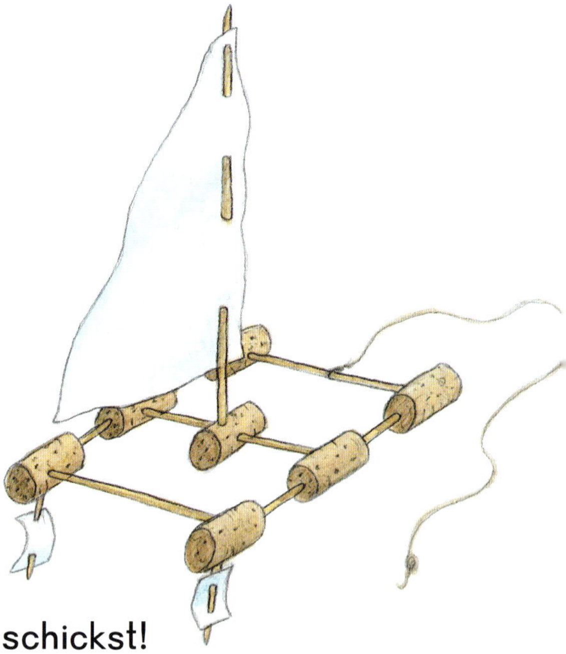

Achtung! Binde deinen Katamaran an einen Faden, bevor du ihn auf große Fahrt schickst!

Post für Wassernixen und Wassermänner

Du brauchst:
- eine Wasserschale
- ein quadratisches Stück Papier
- eine Schere
- Stifte

1. Male oder schreibe eine Botschaft auf das Papier!

2. Nimm das Papier-Quadrat, falte es zwei Mal!

3. Öffne das Papier:

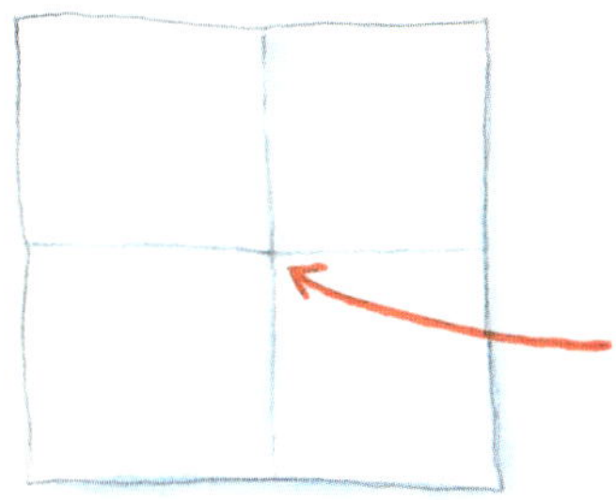

Mittelpunkt

4. Falte alle Ecken zum Mittelpunkt!

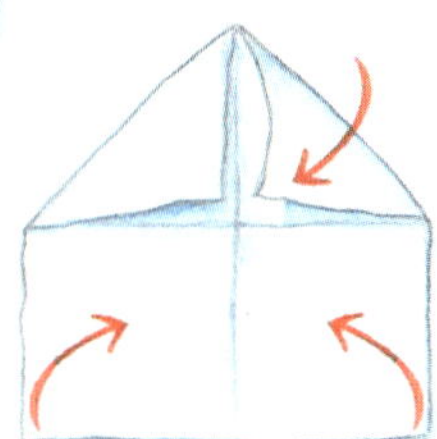

5. Lege deine Botschaft vorsichtig aufs Wasser!

6. Was passiert?

Das Wasser dringt in das Papier ein und lässt die Fasern leicht aufquellen. An den Faltstellen führt das dazu, dass sich die Blütenblätter öffnen.

nach Elke Dannecker

Ähnliche Experimente findest du in diesem Buch.

Sommer

Franz Pröbster Kunzel: Rahmen für eine Hecke

Weißt du, wie der Sommer riecht?

Weißt du, wie der Sommer riecht?
Nach Birnen und nach Nelken,
nach Äpfeln und Vergissmeinnicht,
die in der Sonne welken,
nach heißem Sand und kühlem See
und nassen Badehosen,
nach Wasserball und Sonnenkrem,
nach Straßenstaub und Rosen.

Weißt du, wie der Sommer schmeckt?
Nach gelben Aprikosen
und Walderdbeeren, halb versteckt
zwischen Gras und Moosen,
nach Himbeereis, Vanilleeis
und Eis aus Schokolade,
nach Sauerklee vom Wiesenrand
und Brauselimonade.

Weißt du, wie der Sommer klingt?
Nach einer Flötenweise,
die durch die Mittagsstille dringt:
Ein Vogel zwitschert leise,
dumpf fällt ein Apfel in das Gras,
der Wind rauscht in den Bäumen.
Ein Kind lacht hell, dann schweigt es schnell
und möchte lieber träumen.

Ilse Kleberger

Gewitter

Der Himmel ist blau
Der Himmel wird grau
Wind fegt herbei
Vogelgeschrei
Wolken fast schwarz
Lauf, weiße Katz!
Blitz durch die Stille
Donnergebrülle
Zwei Tropfen im Staub
Dann Prasseln auf Laub
Regenwand
Verschwommenes Land
Blitze tollen
Donner rollen
Es plitschert und platscht
Es trommelt und klatscht
Es rauscht und klopft
Es braust und tropft
Eine Stunde lang
Herrlich bang
Dann Donner schon fern
Kaum noch zu hör'n
Regen ganz fein
Luft frisch und rein
Himmel noch grau
Himmel bald blau!

Erwin Moser

Es gibt so kirschrote Tage

Es gibt Tage, an denen ist alles rot.
Kirschrot. Dein Haar, deine Ohren, deine Hose,
deine Schuhe – alles glänzt rot und saftig wie eine Kirsche.
Die ganze Stadt ist rot.

Und dann – kaum hast du dich daran gewöhnt
ist alles gelb.

Bananengelb. Gelbe Zunge, gelbe Lippen,
gelbe Blätter auf gelben Bäumen.
Die Steine am Wegrand sind so gelb
wie das Haus und das Auto.
Sogar das Meer ist gelb, und gelb sind auch
die Wolken am Himmel.
Du staunst, wie viele Arten von Gelb es gibt.
So, wie du vorher überrascht warst, dass es so viele
unterschiedliche Rottöne gibt.

Kaum fühlst du dich wohl in all dem Gelb,
da wird plötzlich alles grün.

Grasgrün, moosgrün, pfefferminzgrün.
Hat da irgendwer zu viel Pfefferminzlikör getrunken?
Alles ist so grün – der Fingernagel, das Zifferblatt der Uhr,
das Buch dort. Der Tisch, das Brot in deiner Hand.

Es gibt Tage, an denen machen die Farben, was sie wollen.

Heinz Janisch

Hitzefrei

Heute ist ein schöner Sommertag. Schon am Vormittag scheint die Sonne kräftig ins Klassenzimmer der 2a. Die Kinder denken mehr ans Freibad als ans Rechnen.
„Wenn es so warm ist, kann ich überhaupt nicht denken", klagt Sarah.
„Ich auch nicht", sagt Rainer. „Mein Kopf macht schon hitzefrei."
„Au ja! Wir machen hitzefrei!", rufen die Kinder.

„Halt, halt", sagt Frau Müller. „Wir können nicht einfach hitzefrei machen."
Sie bläst sich die Haare aus der Stirn. „Aber ihr habt Recht, hier drin ist es wirklich viel zu warm zum Lernen. Wisst ihr was? Ihr nehmt jetzt eure Lesebücher, dann gehen wir in den Schulhof und suchen uns ein schattiges Plätzchen."

„Juhu! Spitze! Toll!", jubeln die Kinder. Frau Müller legt einen Finger an den Mund.

„Aber leise, damit wir die anderen nicht stören."
Auf Zehenspitzen schleichen die Kinder durchs Schulhaus. Sabrina kichert wie immer.
„Schschscht", macht ihre Freundin Hanne.
Draußen setzen sie sich auf eine Treppe in den Schatten. Es weht ein leichtes Lüftchen. Frau Müller lächelt. „Hier ist es doch viel angenehmer als drinnen."
„Wie Ferien", sagt Rainer.
„Du denkst wohl nur an hitzefrei und Ferien", sagt Frau Müller.
Rainer nickt. „Das gefällt mir an der Schule am besten."
„Aber wir haben noch keine Ferien, sondern Deutschunterricht."

Frau Müller schlägt ihr Lesebuch auf. „Und damit uns noch ein bisschen kühler wird, lesen wir jetzt ein Gedicht vom Winter. Schlagt bitte das Lesebuch Seite 27 auf!“

Eiskalt

Der Winter lässt die Menschen bibbern
und manches Mal vor Kälte zittern.
Er kriecht durch Mützen, Hosen, Jacken
und will die Menschen eiskalt packen.
Er greift nach Fingern, Nasen, Ohren
und hat schon viele halb erfroren.

Frau Müller liest das Gedicht erst einmal vor. „Friert schon jemand?“, fragt sie.
„Ich“, sagt Rainer und klappert gekonnt mit den Zähnen. Die Kinder lachen. Hanne und Andreas lesen das Gedicht laut vor. Während Andreas liest, klatscht plötzlich etwas Weißes dicht neben ihm auf die Treppe.

„Es schneit! Es schneit!“, ruft Sarah.
„Iiiii, das ist Vogelscheiße!“, Andreas rutscht weg.
„Das gehört eben alles zum Unterricht auf dem Schulhof“, sagt Frau Müller. Andreas liest weiter, die anderen schauen alle ängstlich nach oben.
Frau Müller klatscht in die Hände.

„So, jetzt spielen wir das Gedicht.“
„Wie, spielen?“
„Ich lese den Winter, und ihr spielt, wie ihr friert.“

Frau Müller liest: „Der Winter lässt die Menschen bibbern …“ Zweiundzwanzig Kinder bibbern um die Wette, und das an einem warmen Sommertag. „… und manches Mal vor Kälte zittern.“

Die Kinder zittern am ganzen Körper. Einige klappern mit den Zähnen. Andere stehen auf, tänzeln von einem Bein auf das andere und reiben sich warm.

„Was macht ihr denn da?“, fragt plötzlich die Rektorin zum Fenster heraus.
„Uns i-i-ist so-o-o kalt“, klappert Rainer. „Wi-i-i-r erfrieren gleich.“

„So, so?“ Die Rektorin schmunzelt: „Eigentlich wollte ich euch sagen, dass heute Nachmittag hitzefrei ist. Aber wenn es draußen jetzt so kalt ist, ist das ja nicht mehr nötig.“

„Doch!“, rufen die Kinder und hüpfen vor Freude. „Hitzefrei! Hitzefrei!“
Als sich alle wieder beruhigt haben, sagt Hanne:
„Eine Zeitlang habe ich gar nicht mehr gespürt, wie warm es ist.“ „Dann hat sich unsere Lesestunde auf dem Schulhof ja gelohnt.“

Manfred Mai

Hey, hey, ho, jetzt ziehn wir los

2. Hey, hey, ho,
wir ziehen dann,
weil das jeder kann,
Badehosen an.
Dazu obendrein
cremen wir uns ein,
und dann fängt es richtig an.

3. Hey, hey, ho,
jetzt rennen wir
übern heißen Sand
bis zum kleinen Strand.
Mit dem großen Zeh
in den kühlen See,
denn jetzt sind wir endlich hier!

4. Hey, hey, ho,
jetzt gehen wir
schnell ins Wasser rein.
Nichts kann schöner sein!
Und die kühle Flut,
tut uns allen gut.
Drum gefällt es uns auch hier.

5. Hey, hey, ho,
ja, das macht Spaß!
Wer schon schwimmen kann,
zeigt's den andern dann.
Einer taucht sogar.
Das ist wirklich wahr!
Und spritzt alle andren nass.

In der Bücherei

Text: Birgit Pape-Thoma, Bild: Paul Maar

Anne Maar

Foto: Jörn Rohwer

Anne Maar ist eine Autorin. Sie schreibt Bücher. Sie schreibt Bücher für Kinder. Davon erzählt Anne Maar selbst:

Wie ich Autorin wurde

Ich schreibe Bücher, wie mein Vater Paul Maar. Aber ich wollte nicht schon immer Autorin werden.

Als ich im Kindergarten war, wollte ich Tierärztin werden, weil ich Tiere so gern mag. Vor allem Elefanten, Igel, Luchse und Eisbären.

In der zweiten Klasse habe ich mich umentschieden. Ich wollte Schauspielerin werden. Das lag daran, dass meine Großeltern ein eigenes Theater haben. Dort habe ich mir jedes Theaterstück mindestens zwölf Mal angesehen. Einmal saß ich bei einer Aufführung in der dritten Reihe. In dem Stück wurde auch gesungen. Bei meinem Lieblingslied habe ich laut mitgesungen, weil ich den Text natürlich auswendig kannte.

Als ich erwachsen war, habe ich dann tatsächlich am Theater gearbeitet. Ich war Regie-Assistentin. Außerdem habe ich in Kinderstücken mitgespielt. Ich war auch einmal der Hahn in „Die Bremer Stadtmusikanten“. So hatte mein Beruf dann doch noch etwas mit Tieren zu tun.

Dann hatte ich eine neue Idee. Ich wollte Filme machen. Also habe ich mit einem Freund zusammen Geschichten fürs Fernsehen geschrieben.

Dabei habe ich etwas ganz Wichtiges gemerkt: Ich stelle mir gern Geschichten vor und ich schreibe gern. Eigentlich mochte ich das schon immer. Aber als Kind war ich zu ungeduldig. Da waren meine Bücher schon nach zwei Sätzen zu Ende. Das war ein bisschen kurz.

Ich habe mich also hingesetzt und eine Geschichte für Kinder geschrieben: Karla findet ein verlassenes Zimmer auf dem Dachboden. Und einen Jungen, der seltsame Sachen erzählt … Diese Geschichte habe ich an verschiedene Verlage geschickt, damit sie gedruckt wird. Die Leute dort sagten: „Die Geschichte ist gut, aber zu kurz für ein Buch!“ Diesmal hatte ich Geduld. Ich überarbeitete die Geschichte. Sie wurde ausführlicher und länger. 1993 erschien diese Geschichte als mein erstes Buch:

Seitdem weiß ich, was mir am meisten Spaß macht: Kinderbücher schreiben. Übrigens: Im Theater meiner Groß-eltern arbeite ich immer noch.

Kinder fragen – Anne Maar antwortet

• Wie lange schreiben Sie an einem Buch?

Das kommt natürlich darauf an, wie lang die Geschichte ist. Schreibe ich einen Text für ein Bilderbuch, so brauche ich dafür etwa eine Woche. Wenn ich eine Geschichte für ein dickeres Buch schreibe, kann es sein, dass ich acht Wochen daran arbeite.

• Wie kommen Sie auf Ideen?

Anne Maar: Pozor, S. 15*

Durch Beobachtung und Fantasie. Manchmal habe ich Ideen, die mir einfach einfallen. Da weiß ich selbst nicht genau, wo die plötzlich herkommen. Zum Beispiel die von dem großen Hund Pozor, der gerne staubsaugt, und dem sehr kleinen Jungen Lukas, die zusammen einen Zirkus gründen wollen.
Aber eine Idee ist noch lange keine Geschichte. Bei mir dauert es oft sehr lange, bis aus einer Idee eine ganze Geschichte wird. Zum Nachdenken gehe ich viel spazieren oder bleibe morgens länger im Bett liegen, weil es sich da so gut träumen lässt.

• Haben Sie die Geschichte selbst erlebt?

Die Geschichte „Jan leiht sich einen Hund“ habe ich tatsächlich fast genauso als Kind erlebt. Ich habe mir auch immer einen Hund ausgeliehen und ihn eines Tages von der Leine gelassen, weil ich dachte, dass er gut auf mich hört. Und dann war er fort …

*Bild: Bernd Mölck-Tassel

• Wie viele Seiten schreiben Sie am Tag?

Wenn ich an einer Geschichte arbeite, schreibe ich etwa drei Seiten pro Tag.

• Ist Schriftstellerin ein richtiger Beruf?

Ja. Er ist vielleicht ein bisschen ungewöhnlich, aber trotzdem ganz richtig. Es gibt Vor- und Nachteile des Berufs. Der Vorteil ist, dass man keinen Chef hat und arbeiten kann, wann man will und wo man will. Das ist aber auch ein Nachteil, denn keiner sagt einem, was man zu tun hat, man muss alles selbst machen.

• Wie viele Bücher haben Sie schon geschrieben?

Bis jetzt habe ich zwölf Bücher geschrieben. Sechs Bilderbücher, zwei Erstlesebücher und vier erzählende Bücher.

• Lesen Sie gerne andere Bücher?

Ja, sehr gerne!

• Wo arbeiten Sie, wenn Sie ein Buch schreiben?

Ich habe ein Arbeitszimmer zu Hause, da steht ein großer Schreibtisch mit dem Computer vor dem Fenster. Wenn ich nachdenke, schaue ich hinaus in den Himmel oder auf ein Feld vor dem Haus.

So erzählt Anne Maar in ihrem Buch „Jan leiht sich einen Hund“

Jan freut sich, weil Hasso so gut auf ihn hört. Hasso läuft voran, aber er guckt immer, wo Jan bleibt. Und wenn Jan ihn ruft, kommt er sofort.

Doch dann bleibt Hasso plötzlich mitten auf der Wiese stehen. „Hasso!“, ruft Jan, aber Hasso kommt nicht.
Was ist los? Da sieht Jan, was Hasso sieht. Auf der Wiese hoppelt ein Hase. „Hasso, komm her!“, schreit Jan, doch der ist schon losgerannt. Geradewegs auf den Hasen zu. Der flüchtet und Hasso stürmt hinterher. „Hasso!“, schreit Jan. Er rennt ihnen nach.
Er ruft und ruft, aber Hasso hört nicht.

Und dann ist er
im Wald verschwunden.
Einfach fort.
Jan bleibt völlig erschöpft
stehen.

Er wartet eine Weile,
aber Hasso kommt nicht zurück.
Jan setzt sich alleine mitten auf die Wiese.
Er weiß überhaupt nicht, was er jetzt tun soll.

Hasso hat sich bestimmt verlaufen, denkt er.
Hoffentlich findet er wieder zurück!

Und wenn nicht?
Jan will gar nicht daran
denken.
„Hasso!", ruft er ein
letztes Mal,
aber der Hund bleibt
verschwunden.

Text: Anne Maar
Bild: Dagmar Henze

Quellennachweis

Texte:

S. 9 Seidel, Heinrich: Die Schaukel. Aus: Seidel, Heinrich: Gedichte. Gesamtausgabe. Stuttgart (= J. G. Cotta'sche Buchhandlung Nachfolger GmbH) 1903, S. 2

S. 9 Guggenmos, Josef: Mein Ball. Aus: Gelberg, Hans-Joachim (Hrsg.): Die Stadt der Kinder. Recklinghausen (= Georg Bitter Verlag) 1960, S. 21

S. 12/13 Kaup, Ulrike: Frau Boskop und ihr Krimskrams. Aus: Kaup, Ulrike: Schulgeschichten. Würzburg (= Arena Verlag) 1999, S. 4 ff.

S. 14 Britting, Georg: Goldene Welt. Aus: Britting, Georg: Sämtliche Werke. München (= List Verlag) 1996, Bd. 4, S. 303

S. 15 Borchers, Elisabeth: September. Aus: Borchers, Elisabeth: Und oben schwimmt die Sonne davon. München (= Verlag Heinrich Ellermann) 1965, S. 37

S. 16 Lins, Bernhard: Herbst ist … Aus: Lins, Bernhard: Das Jahr lacht unterm Regenschirm. Gedichte für Kinder. Innsbruck/Wien (= Tyrolia Verlag) 1995, S. 56

S. 16 Siegmann, Hermann: Herbsträtsel. Aus: Arbeitsgemeinschaft Jugend und Bildung e.V.: Zeitschrift „Mücke". Wiesbaden (= Universum Verlagsanstalt) 10/1981, S. 18

S. 17 Ruck-Pauquèt, Gina: Regen. Aus: Ruck-Pauquèt, Gina: draußen. Detmold (= Deutsches Jugendherbergswerk) o. J., S. 84

S. 20 Halle, Werner: Gemüseball. Aus: Halle, Werner/Schüttler-Janikulla, Klaus: Bilder und Gedichte für Kinder zu Hause, im Kindergarten und für den Schulanfang. Braunschweig (= Westermann Verlag) 1971, S. 66

S. 22 Guggenmos, Josef: Wind im Ort. Aus: Guggenmos, Josef/Kalow, Gisela: Die Tiere feiern Karneval. Würzburg (= Benzinger Edition im Arena Verlag) 1994, S. 16

S. 24 Muller, Gerda: Die Eichen-Geschichte. Aus: Ruhl, Klaus (Hrsg.): spielen-lernen-Jahrbuch für Kinder 1994. Seelze (= Velber Verlag) 1993, S. 96/97

S. 25 Welsh, Renate: Nina und der Wald. Aus: Welsh, Renate: Nina sieht alles ganz anders. Ravensburg (= Otto Maier Verlag Ravensburg) 1985, S. 18

S. 26 Steinwart, Anne: Ich. Aus: Gärtner, Hans (Hrsg.): Das große Vorlesebuch für Kindergartenkinder. Würzburg (= Arena Verlag) 1992, S. 41 © Anne Steinwart

S. 27 Remenyi, Andreas: Das Maglied. Aus: Bydlinski, Georg (Hrsg.): Der neue Wünschelbaum. Gedichte für Kinder und ihre Erwachsenen. Wien (= Dachs Verlag) 1999, S. 93

S. 28/29 Korschunow, Irina: Steffi ist bei der Oma. Aus: Korschunow, Irina: Steffi-Geschichten. Köln (= Benziger Verlag) 1975, S. 74, 75

S. 30 Wölfel, Ursula: Die Geschichte vom lustigen Mädchen. Aus: Wölfel, Ursula: Zwanzig verrückte Geschichten in Schreibschrift. Düsseldorf (= Hoch-Verlag) 1976, S. 5 f.

S. 31 Andresen, Ute: Nein! Aus: Andresen, Ute: Wir sind vier! Alle Geschichten von Mama, Papa, Max und Julia. Illustrationen von Susann Opel-Götz. München (= © Deutscher Taschenbuch Verlag) 1999, S. 95–98

S. 32 Inkiow, Dimiter: Ich und meine Schwester Klara. Die schönsten Geschichten. Berlin/München (= Erika Klopp Verlag) 1989, S. 58 ff.

S. 33 Wittkamp, Frantz: Warum sich Raben streiten. Aus: Gelberg, Hans-Joachim (Hrsg.): Überall und neben dir. Gedichte für Kinder. Weinheim/Basel (= Beltz & Gelberg) 1989, S. 40

S. 33 Jatzek, Gerald: Krokodil … Aus: Gelberg, Hans-Joachim (Hrsg.): Oder die Entdeckung der Welt. Geschichten, Bilder, Märchen, Lebensbilder, Gedichte. 10. Jahrbuch der Kinderliteratur. Weinheim/Basel (= Beltz & Gelberg) 1997, S. 282

S. 34 Mayer-Skumanz, Lene: Jakob ist traurig … Aus: Mayer-Skumanz, Lene: Das Kindernest. Geschichten, Gedichte, Spiele und Lieder für Familie und Kindergarten. Freiburg/Basel/Wien (= Herder Verlag) 1979, S. 14

S. 35 Bolliger, Max: Was uns die Angst nimmt. Aus: Bolliger, Max: Hinter den sieben Bergen. Dreimal dreizehn Kindergedichte. Würzburg (= Echter Verlag) 1995, S. 17

S. 37 Schemm, Jürgen von: Was hat denn die am linken Auge? Aus: Schemm, Jürgen von: Paul Klee – Bilder träumen. München (= Prestel Verlag), S. 24

S. 40/41 Ekker, Ernst A.: Was ein Tag alles bringt. Aus: Mörtl-Rangnick, Renate/Ekker, Ernst A.: Was ein Tag alles bringt. Ravensburg (= Otto Maier Verlag Ravensburg) 1981, S. 6, 7, 9, 11, 13

S. 43 Friedl, Georg: Wünschelbaum. Aus: Bydlinski, Georg (Hrsg.): Der neue Wünschelbaum. Gedichte für Kinder und Erwachsene. Wien (= Dachs Verlag) 1999, S. 8

S. 45 Kinderwünsche aus aller Welt. Aus: Kindersley, Barnabas und Anabel: Kinder aus aller Welt. Aus dem Englischen übersetzt von Anne Braun. Bindlach (= Loewe Verlag) 1995, S. 21, 27, 32, 45, 61, 69, 73

S. 46 Thoma, Ludwig: Im Wald is so staad. Aus: Thoma, Ludwig: Ausgewählte Werke. München (= Nymphenburger Verlagshandlung) 1969, Bd. 3, S. 65

S. 47 Guggenmos, Josef: Am 4. Dezember. Aus: Guggenmos, Josef: Ich will dir was verraten. Weinheim/Basel (= Beltz & Gelberg) 1992, S. 166

S. 50/51 Ruck-Pauquèt, Gina: Traumbescherung. Aus: Ruhl, Klaus (Hrsg.): Jahrbuch für Kinder 1989. Seelze (= Velber Verlag) 1988, S. 122, 123

S. 52–55 Kasuya, Masahiro: Der kleine Stern. Japanischer Text von Yoko Watari. Deutscher Text von Peter Block. Kiel (= Friedrich Wittig Verlag) 1978, S. 3, 5, 7, 9, 11, 13, 14, 16, 18, 20, 22

S. 57 Schweiggert, Alfons: Neujahr. Aus: Finke, Wilhelm (Hrsg.): Jahreszeiten – Gedichte und Geschichten für das ganze Jahr. Paderborn (= Schöningh Verlag) 1983, S. 91

S. 58 Naroska, Friederike: Kalender. Aus: Naroska, Friederike: Mein Sommerbuch. Freiburg/Basel/Wien (= Herder Verlag) 1992, S. 57

S. 59 Krüss, James: Das gereimte Jahr. Aus: Krüss, James: Der wohltemperierte Leierkasten. Gütersloh (= Mohn Verlag) 1961, S. 21

S. 60 Hacks, Peter: Die Blätter an meinem Kalender. Aus: Hacks, Peter: Der Flohmarkt. Berlin (= Der Kinderbuchverlag) 1965, S. 34

S. 61 Rechlin, Eva: In dieser Minute. Aus: Krüss, James (Hrsg.): So viele Tage wie das Jahr hat. 365 Gedichte für Kinder und Kenner. München (= C. Bertelsmann Verlag) 1995, S. 249 © Eva Bartoschek-Rechlin

S. 64/65 Arnold, Katrin: Es schneit. Aus: Arnold, Katrin: Der Sternenwagen. München (= Heinrich Ellermann Verlag) 1983, S. 10–12

S. 68/69 Janosch: Die Grille und der Maulwurf. Aus: Janosch: Die Maus hat rote Strümpfe an. Janosch's bunte Bilderwelt. Weinheim/Basel (= Beltz & Gelberg) 1978, S. 27–30

S. 72 Hofbauer, Friedl: Lied der Eiszapfen. Aus: Bydlinski, Georg (Hrsg.): Der neue Wünschelbaum. Gedichte für Kinder und ihre Erwachsenen. Wien (= Dachs Verlag) 1999, S. 79

S. 72 Rechlin, Eva: Der Schneemann. Aus: Gelberg, Hans-Joachim (Hrsg.): Die Stadt der Kinder. Recklinghausen (= Georg Bitter Verlag) 1969, S. 74 © Eva Bartoschek-Rechlin

S. 73 Görres, Guido: Nun treiben wir den Winter aus. Aus: Bull, Bruno Horst (Hrsg.): Glück und Segen. Gütersloh (= Bertelsmann Verlag) 1994, S. 37

S. 74 Bydlinski, Georg: Der Stein. Aus: Gelberg, Hans-Joachim (Hrsg.): Überall und neben dir. Weinheim/Basel (= Beltz & Gelberg), S. 272

S. 75 Auer, Martin: Über die Erde. Aus: Gelberg, Hans-Joachim (Hrsg.): Überall und neben dir. Weinheim/Basel (= Beltz & Gelberg) 1986, S. 286

S. 76 Barbey, Dorine: Die Sinne. Aus: Barbey, Dorine/Mathieu, Agnès/Pérols, Sylvaine: Unsere fünf Sinne. Übersetzt von Brigitte Dalens. Ravensburg (= Ravensburger Buchverlag Otto Maier) 1998, S. 3

S. 77 Rathenow, Lutz: Ich freu mich. Aus: Rathenow, Lutz: Sterne jonglieren. Ravensburg (= Otto Maier Verlag) 1989, S. 24

S. 78 KNISTER: Leise Geräusche. Aus: KNISTER/Maar, Paul: Frühling, Spiele, Herbst und Lieder. Hamburg (= Verlag Cecilie Dressler) 1999, S. 123

S. 78 Schubiger, Jürg: Hört-das-Gras-wachsen. Aus: Schubiger, Jürg: Als die Welt noch jung war. Weinheim/Basel (= Beltz & Gelberg) 1995, S. 103

S. 79 Blank, Hajo: Lautlose Sprache, Zeichensprache für Indianer von heute. Aus: Blank, Hajo: Ich bin ein Indianer. Kempen (= moses Kinderbuchverlag) 2000, S. 14–17

S. 82 Morgenstern. Christian: Der Frühling kommt bald. Aus: Krüss, James (Hrsg.): So viele Tage wie das Jahr hat. 365 Gedichte für Kinder und Kenner. München (= C. Bertelsmann Verlag) 1995, S. 8

S. 83 Nöstlinger, Christine: Frühling. Aus: Nöstlinger, Christine: Ein und Alles. Ein Jahrbuch mit Geschichten, Bildern, Comics, Texten, Sprüchen und noch viel mehr ... Weinheim/Basel (= Beltz & Gelberg) 1991, S. 78

S. 84 Cratzius, Barbara/Heyduck-Huth, Hilde: April. Aus: Cratzius, Barbara/Heyduck-Huth, Hilde: Ravensburger Kinderjahr. Geschichten, Bilder, Rätsel, Spiele, Basteleien und vieles mehr – fürs ganze Jahr. Ravensburg (= Otto Maier Verlag) 1991, S. 36

S. 85 Zeitungsmeldung vom 31. März. Idee nach: Zahn, Edith: Mein Lesebuch 2 (Neubearbeitung). München (= Bayerischer Schulbuchverlag) 1982, S. 165

S. 86 Lohf, Sabine: Osterbräuche. Aus: Ruhl, Klaus (Hrsg.): spielen-und-lernen-Jahrbuch für Kinder 1988. Seelze (= Velber Verlag) 1987, S. 20, 21

S. 88 Erker, Robert/Roß, Gabriele: Der Hase mit den Schweinsöhrchen. Aus: Erker, Robert/Roß, Gabriele: Kunterbuntes Kinderjahr. Augsburg (= Pattloch-Verlag/Weltbild) 1994, S. 36, 37

S. 92/93 Korschunow, Irina: Rettung für Stummel. Aus: Korschunow, Irina: Nina hat Mut und andere Trau-dich-Geschichten. Würzburg (= Arena Verlag) 2000, S. 6–10

S. 96 Auer, Martin: Zauberkatze. Aus: Auer, Martin: Was niemand wissen kann. Weinheim/Basel (= Beltz & Gelberg) 1991, S. 62

S. 96 Ruhl, Klaus: Jeden Morgen ... Aus: Ruhl, Klaus (Hrsg.): spielen-und-lernen-Jahrbuch 1985. Seelze (= Velber Verlag) 1984, S. 18

S. 97 Inkpen, Mick: Wenn ich ein Schwein hätte ... Aus: Ruhl, Klaus (Hrsg.): spielen-und-lernen-Jahrbuch für Kinder 1994. Seelze (= Velber Verlag) 1993, S. 112, 113

S. 101 Rosita, Olja, Pradeep. Nach: Kindersley, Barnabas und Anabel: Kinder aus aller Welt. Aus dem Englischen übersetzt von Anne Braun. Bindlach (= Loewe Verlag) 1995, S. 31, 32, 58, 59, 76, 77

S. 102 Peter, Brigitte: Zungenbrecher. Aus: Peter, Brigitte (u. a.): Das Sprachbastelbuch. Wien/München (= Jugend und Volk Verlag) 1975, S. 74, 75, 77

S. 103 Apelt, Anna: Auf dem Spielplatz. Aus: Bödecker, Hans (u. a.): Texte für die Primarstufe 2. Hannover (= Schroedel Verlag) 1986, S. 71

S. 105 Nöstlinger, Christine: Alle sind zufrieden mit mir. Aus: Nöstlinger, Christine: Das große Nöstlinger Lesebuch. Geschichten für Kinder. Mit vielen Bildern. Weinheim/Basel (= Beltz & Gelberg) 1996, S. 7

S. 106/107 Kühl, Katharina: Bunte Bilder. Aus: Loewe Verlag (Hrsg.): Leselöwen-Traumgeschichten. Bindlach (= Loewe Verlag) 2001, S. 103–106

S. 108/109 Baisch, Milena: Ab ins Bett! Aus: Baisch, Milena: Lesepiraten Geschwistergeschichten. Bindlach (= Loewe Verlag) 2000, S. 52–59

S. 111 Buck, Siegfried: Ich kann lesen. Aus: Buck, Siegfried: Leseleiter. Lesebuch für das 2. Schuljahr. Bochum (= Kamp Verlag) 1993, S. 57

S. 112 Ripkens, Martin/Stempel, Hans: Freunde. Aus: Ripkens, Martin/Stempel, Hans: Auch Kinder haben Geheimnisse. München (= Heinrich Ellermann Verlag) 1973, S. 22, 23

S. 113 Huber, Ingrid: Eine Schultasche voller Fragen. Aus: Gelberg, Hans-Joachim (Hrsg.): Oder die Entdeckung der Welt. 10. Jahrbuch der Kinderliteratur. Weinheim/Basel (= Beltz & Gelberg) 1997, S. 282

S. 114 Nahrgang, Frauke: Vorsicht! Aus: Nahrgang, Frauke. Lene und Peter packen aus. Illustrationen von Els Cools/Oliver Streich. München (= © Deutscher Taschenbuch Verlag) 1994, S. 10, 11

S. 114 Nahrgang, Frauke: Krokodil. Aus: Nahrgang, Frauke: Lene und Peter packen aus. Illustrationen von Els Cools/Oliver Streich. München (= © Deutscher Taschenbuch Verlag) 1994, S. 8

S. 115 Heyst, Ilse van: Bist du ein richtiger Junge? Bist du ein richtiges Mädchen? Aus: Fuhrmann, Joachim (Hrsg.): Gedichte für Anfänger. Reinbek (= Rowohlt Verlag) 1980, S. 21

S. 116/117 Färber, Werner: Träumerei. Aus: Färber, Werner/Kersten, Detlef: Kleine Schulweggeschichten. München (= arsEdition) 2000, S. 16–21

S. 126/127 Jäckel, Karin: Vom Sternenkind. Aus: Die schönsten Leselöwen-Geschichten. Bindlach (= Loewe Verlag) 1997, S. 207–210

S. 128/129 Rodari, Gianni: Die falsch erzählte Geschichte. Aus: Wagenbach, Klaus (Hrsg.): Wie der Hund und der Mensch Freunde wurden. Berlin (= Wagenbach Verlag) 1999, S. 88, 89

S. 130/131 Janosch: Ein Kanarienvogelfederbaum. Aus: Janosch: Das große Schnuddel-Buch. München (= Deutscher Taschenbuch Verlag) 1997, S. 153–166

S. 132/133 Moser, Erwin: Das Buch. Aus: Moser, Erwin: Manuel & Didi. Der Lehnstuhl. Kleine Mäuseabenteuer im Frühling. Weinheim/Basel (= Beltz & Gelberg) 1992, S. 5–11

S. 136/137 KNISTER: Der Regendrache Furio. Aus: Ruhl, Klaus (Hrsg.): spielen-lernen-Jahrbuch für Kinder 1994. Seelze (= Velber Verlag) 1993, S. 80, 81

S. 138 Bütow, Wilfried/Schütze, Barbara: Wasser des Lebens. Aus: Bütow, Wilfried/Schütze, Barbara: Augenreise I. Ein Lese-Seh-Buch für Kinder von sieben Jahren an. Berlin (= Volk und Wissen Verlag) 1992, S. 102, 103

S. 139 Guggenmos, Josef: Gespräch der Fische. Aus: Guggenmos, Josef: Ich will dir was verraten. Weinheim/Basel (= Beltz & Gelberg) 1992, S. 99

S. 140/141 Korschunow, Irina: Der Sprung vom Dreimeterbrett. Aus: Pfeiffer, Otti: Leselöwen-Lachgeschichten. Bindlach (= Loewe Verlag) 1990, S. 26–29; © Irina Korschunow

S. 145 Vgl. Dannecker, Elke: Blühende Papierblumen. Aus: Dannecker, Elke/Rieger, Birgit: 100 tolle Experimente. Ravensburg (= Ravensburger Buchverlag) 1999, S. 26

S. 147 Kleberger, Ilse: Weißt du, wie der Sommer riecht? Aus: Gelberg, Hans-Joachim (Hrsg.): Die Stadt der Kinder. Recklinghausen (= Georg Bitter Verlag) 1969, S. 175

S. 148 Moser, Erwin: Gewitter. Aus: Gelberg, Hans-Joachim (Hrsg.): Überall und neben dir. Weinheim/Basel (= Beltz & Gelberg) 1986, S. 260

S. 149 Janisch, Heinz: Es gibt so kirschrote Tage. Aus: Janisch, Heinz: Ich schenk dir einen Ton aus meinem Saxofon. Wien (= Jungbrunnen Verlag) 1999, S. 90

S. 150–152 Mai, Manfred: Hitzefrei. Aus: Mai, Manfred: Leselöwen-Schulhofgeschichten. Bindlach (= Loewe Verlag) 1992, S. 20–25

S. 156–159 Text über Anne Maar/Interview mit Anne Maar von den Lesebuchautoren. Texte wurden von Anne Maar genehmigt.

S. 160/161 Maar, Anne: Jan leiht sich einen Hund. Hamburg (= Verlag Friedrich Oetinger) 1997, S. 21–25

Musik:

S. 6 Patho, Klaus: Guten Morgen. Aus: Patho, Klaus/Schuhmann, Reinhard: Musik 1/2. Regensburg (= © Wolf Verlag) 1985, S. 33

S. 49 Klein, Richard Rudolf: Bimmelt was die Straß entlang. Aus: Klein, Richard Rudolf: Willkommen lieber Tag. Alte und neue Kinderlieder für die Grundschule. Frankfurt a. M. (= Verlag Moritz Diesterweg) 1975, Bd. 1, S. 12; © Fidula-Verlag, Boppard/Rhein und Salzburg

S. 89	Kreusch-Jacob, Dorothée: Ich schenk dir einen Regenbogen. Aus: Kreusch-Jacob, Dorothée (Hrsg.): Heut Nacht steigt der Mond übers Dach. Leises und Lautes, Gereimtes und Ungereimtes vor dem Schlafengehen. München (= Verlag Heinrich Ellermann) 1986, S. 106, 107; © Patmos Verlag, Düsseldorf
S. 153	Krenzer, Rolf (Text)/Jöcker, Detlef (Melodie): Hey, hey, ho, jetzt ziehn wir los. Aus: Krenzer, Rolf: Lieber Frühling, lieber Sommer. Münster (= © Menschenkinder Verlag) 1997, S. 74

Abbildungen/Fotos:

S. 14	Monet, Claude: Der Garten der Monets in Vétheuil. 1881, Washington, National Gallery of Art
S. 15	Borchers, Elisabeth: Und oben schwimmt die Sonne davon. München (= Heinrich Ellermann Verlag) 1965. Buchcover U1
S. 26	Chagall, Marc: Der Jongleur aus Paris. 1969, Privatsammlung; © VG Bild-Kunst, Bonn 2001
S. 31	Andresen, Ute: Wir sind vier! Alle Geschichten von Mama, Papa, Max und Julia. München (= Deutscher Taschenbuch Verlag), Buchcover U1
S. 32	Inkiow, Dimiter: Ich und meine Schwester Klara. Vorgelesen von Ilona Schulz. Hamburg (= Hörcompany Schaack und Herzog) 2000, Kassettenhülle Vorderseite
S. 36	Klee, Paul: Ein Kinderspiel. 1939, 385; Kleisterfarbe und Aquarell auf Karton; 43 x 32 cm; Die Sammlung Berggruen in den Staatlichen Museen Berlin; © VG Bild-Kunst, Bonn 2001
S. 39	Krauel, Kay/Rußek, Frank: Kleine Jongleure ganz groß. Tips, Tricks und Tops für das Jonglieren mit 3 Bällen. Münster (= Coppenrath Verlag) 1992, Buchcover U1
S. 42	Röckener, Andreas: Das komische Abc. Aus: Gelberg, Hans-Joachim (Hrsg.): Oder die Entdeckung der Welt. Geschichten, Bilder, Märchen, Lebensbilder, Gedichte. 10. Jahrbuch der Kinderliteratur. Programm Beltz & Gelberg, Weinheim/Basel (= Beltz & Gelberg) 1999, S. 127, 128, 130, 131, 133, 135
S. 46	Monsted, Peder: Wooded Winter Landscape, Mortaratsch. Mauritius – Die Bildagentur, 01678441.0001
S. 55	Kasuya, Masahiro: Der kleine Stern. Kiel (= Friedrich Wittig Verlag) 1978, Buchcover U1
S. 64	Valckenborch, Lukas van: Winter. 1586, Kunsthistorisches Museum, Wien
S. 68/69	Janosch: Illustrationen zu Janosch „Die Grille und der Maulwurf". Aus: Janosch: Die Maus hat rote Strümpfe an. Janosch's bunte Bilderwelt. Programm Beltz & Gelberg, Weinheim/Basel (= Beltz & Gelberg) 1978, S. 29, 30
S. 71	Santrot, Dominique: 4 Fotos. Fotos aus: Galvani, Anouchka/Pinna, Véronique: Schmink dich! Saarbrücken (= Fleurus Verlag) 1996, S. 11, 15, 19, 28
S. 73	Miller, Leutkirch, Allgäu: Foto „Funkenfeuer"
S. 74	Foto: MEV-Verlag, 01 003 007
S. 79	Blank, Hajo: Ich bin ein Indianer. Ab 6 Jahre. Kempen (= moses Kinderbuchverlag) 2000, Buchcover U1
S. 82	Pellizza da Volpedo, Giuseppe: Frühlingsidylle.1896–1901, Privatsammlung
S. 87	© Lippert Verlag, Ebermannstadt: Foto „Osterbrunnen"
S. 90/91	Brueghel d. Ältere, Jan: Einzug in die Arche Noah. 1615, Wellington Museum, London
S. 95	Fischer-Nagel, Andreas und Heiderose: Ein Kätzchen kommt zur Welt. Luzern (= Kinderbuchverlag Reich) 1982, S. 13, 19, Buchcover U1
S. 98/99	Kindersley, Barnabas und Anabel: Kinder aus aller Welt. Bindlach (= Loewe Verlag) 1995, S. 16, 32, 38, 48
S. 104	IFA-Bilderteam: 7 Fotos
S. 109	Baisch, Milena: Lesepiraten – Geschwistergeschichten. Bindlach (= © Loewe Verlag) 2000, Buchcover U1
S. 110/111	Crespi, Giuseppe Maria: Regale mit Büchern der Musikgeschichte. Um 1725, Bologna, Conservatorio Martini, Civico Museo Bibliografico Musicale
S. 110/111	Gollnick, Martina: Illustration bekannter Kinderbuchfiguren mit freundlicher Genehmigung der Rechteinhaber. Lotta aus der Krachmacherstraße (→ Astrid Lindgren), Pippi Langstrumpf (→ Astrid Lindgren), Sams (→ Paul Maar), Petterson und Findus (→ Sven Nordqvist) mit freundlicher Genehmigung des Verlags Friedrich Oetinger; Jim Knopf (→ Michael Ende): Illustration nach Motiven von F. J. Tripp aus dem Buch JIM KNOPF UND LUKAS DER LOKOMOTIVFÜHRER © 1960 by K. Thienemanns Verlag, Stuttgart – Wien., Das kleine Gespenst (→ Otfried Preußler): nach Motiven von F. J. Tripp aus dem Buch DAS KLEINE GESPENST von Otfried Preußler © 1966 by K. Thienemanns Verlag, Stuttgart – Wien., Urmel (→ Max Kruse): Illustration nach Motiven von Erich Hölle aus dem Buch URMEL AUS DEM EIS © 1969 by K. Thienemanns Verlag, Stuttgart – Wien.; Das kleine Ich-bin-ich (→ Mira Lobe) mit freundlicher Genehmigung des Jungbrunnen Verlags aus: Mira Lobe/Susi Weigel, Das kleine Ich-bin-ich, © 1972 by Jungbrunnen, Wien – München
S. 114	Nahrgang, Frauke: Lene und Peter packen aus. München (= Deutscher Taschenbuch Verlag) 1994, Buchcover, U1
S. 116/117	Kersten, Detlef: Illustrationen zu Färber, Werner: Träumerei. Aus: Färber, Werner/Kersten, Detlef: Kleine Schulweggeschichten. München (= arsEdition) 2000, S. 17, 19, 21
S. 122	Kandinsky, Wassily: Himmelblau. 1940, Paris, Musée National d'Art Moderne, Centre Georges Pompidou; © VG Bild-Kunst, Bonn 2001
S. 130/131	Janosch: Illustrationen und Buchcover U1 zu Janosch: Ein Kanarienvogelfederbaum. Aus: Janosche: Das große Schnuddel-Buch. München (= Deutscher Taschenbuch Verlag) 1997, S. 155, 164, 165, Buchcover U1; © 1997 Janosch c/o Deutscher Taschenbuch Verlag, München
S. 132/133	Moser, Erwin: Illustrationen und Buchcover U1 zu Moser, Erwin: Das Buch. Aus: Moser, Erwin: Manuel & Didi, Der Lehnstuhl. Kleine Mäuseabenteuer im Frühling. Programm Beltz & Gelberg, Weinheim/Basel (= Beltz & Gelberg) 1992, S. 5–11, Buchcover U1
S. 134/135	Niki de Sainte Phalle/Jean Tinguely: Strawinsky-Brunnen in Paris, Strawinsky-Brunnen (Ausschnitt): L'éléphant, Strawinsky-Brunnen (Ausschnitt): L'amour; Fotos: Verlagsarchiv
S. 136/137	Lohf, Sabine: Illustrationen zu KNISTER: Der Regendrache Furio. Aus: Ruhl, Klaus (Hrsg.): spielen-lernen-Jahrbuch für Kinder 1994. Seelze (= Velber Verlag) 1993, S. 80, 81
S. 142/143	Hergé (Text und Bild): Tim und Struppi. Der geheimnisvolle Stern. Hamburg (Carlsen Verlag) 1998, S. 60, 61
S. 145	Granström, Brita/Manning, Mick: Ich mach mir einen Regenbogen. Pfiffige Versuche und Experimente für Kinder. Deutsch von Christa Holtei. Aarau/Switzerland (= Kinderbuchverlag Luzern/Sauerländer AG) 1999, Buchcover U1 © 1998 by Mick Manning & Brita Granström © 1999 der deutschsprachigen Ausgabe by Kinderbuchverlag Luzern (Sauerländer AG), Aarau/Switzerland
S. 146	Kunzel, Franz Pröbster: Rahmen für eine Hecke
S. 154/155	Maar, Paul (Bild)/Pape-Thoma, Birgit: Deine Bücherei stellt sich vor ... Hamburg (= Verlag Friedrich Oetinger) 1981, S. 2, 3, 4, 5, 6, 7, 10, 11, 13, 14, 15, 16
S. 156	Rohwer, Jörn: Anne Maar
S. 157	Maar, Anne: Das Geheimzimmer. München (= Verlag Heinrich Ellermann) 1993, Buchcover U1
S. 158	Maar, Anne: Arno und der Zauberer. © für das Umschlagbild von Heribert Schulmeyer: München (= Deutscher Taschenbuch Verlag) 1997, Buchcover U1
S. 158	Mölck-Tassel, Bernd: Illustration zu Maar, Anne: Pozor. Zürich (= Bajazzo Verlag) 2000, S. 15
S. 158	Maar, Anne: Jan leiht sich einen Hund. Hamburg (= Verlag Friedrich Oetinger) 1997, Buchcover U1
S. 159	Maar, Anne: Die Wolfsjungen. Hamburg (= Verlag Heinrich Ellermann) 1999, Buchcover U1
S. 159	Maar, Anne: David zieht um. Hamburg (= Verlag Friedrich Oetinger) 1999, Buchcover U1
S. 159	Maar, Anne: Die andere Freundin. Zürich (= Palazzo Verlag) 1998, Buchcover U1
S. 160/161	Henze, Dagmar: Illustrationen zu Maar, Anne: Jan leiht sich einen Hund. Hamburg (= Verlag Friedrich Oetinger) 1997, S. 21, 23, 24, 25

Für einige Abbildungen konnte der Urheber nicht ermittelt werden. Der Verlag ist bestrebt, Ergänzungen in einer Nachauflage zu berücksichtigen. Alle anderen Abbildungen: Verlagsarchiv und Privatarchiv der Autoren.

Gedruckt auf umweltbewusst gefertigtem, chlorfrei gebleichtem
und alterungsbeständigem Papier.

1. Auflage. 2001

Redaktion: Susanne Brechter
Umschlaggestaltung: Martina Gollnick
Satz und Lithos: Satz + Litho Sporer KG, Augsburg
Gesamtherstellung: Ludwig Auer GmbH, Donauwörth
ISBN 3-403-**03272**-8